許敬順

不安と恐れを解き放ち
宇宙とつながる方法

はじめに

かつて、私はスピリチュアルな世界のことには関心がありませんでした。
というよりもむしろ、目に見えない世界のことに関して、きわめて懐疑的だったのです。
けれども、不安がひとつ解き放たれると、おのずと霊性に目覚め、これまでの思いが根底から覆されたのでした。

それと同時に、まったく新しい世界がひろがり、しかも現実だと思っていた世界が、実は現実の一部分にすぎないことが明らかとなりました。

そして、ときおり訪れる神秘体験にともない、次々と私のなかで癒しが起こり、ごく自然と、宇宙との繋がりがもたらされたのでした。

「宇宙との繋がり」といっても、いまいちピンとこない方が多いかと思われます。

ひとことで表現するなら、すべての人が恒常的に探し求めているものにほかなりません。

私たちは誰もが、根源的な欠乏感を抱きながら生きています。**その根源的な欠乏感が宇宙との繋がりによって解き放たれ、ゆるぎない安心と安定がもたらされます。**

現代、多くの人が、何かしらに対する不安、あるいは漠然とした不安を抱いています。不安や恐れがない人はいないといっても過言ではありません。

しかし、不安や恐れを忌み嫌いながらも、然るべきものとして皆受け入れています。

その不安や恐れが、知らず知らずのうち、私たちの貴重な財産を奪っているのです。

自分らしさが抑えつけられ個性が奪われ、思い切った決断が必要なときにも保身的な道しか選べず、根拠のない不満にまといつかれているのです。

さらに、生まれながらにして備わっている可能性の扉が閉ざされ、一度かぎりの人生に悔いを残してしまいます。

それからさらに、私たちにとってもっとも大切な、「自由」「霊性」「宇宙との繋がり」が奪われてしまいます。


だから、よりよく生きるうえで、不安や恐れを解き放つことは、きわめて大切なのです。

それらを解き放つことにより、計り知れないほどの恩恵を授かり、**すべての願いが叶えられ、迷うことなく本当にやりたいことをしながら、自分らしく豊かな人生を歩むことができるのです。**

本書では、不安や恐れなどの否定的感情を解き放つ方法と、宇宙との繋がりに不可欠な癒しのプログラム、それから私自身が不安や恐れを解き放ち、自由にいたった経緯などをご紹介させていただきます。

宇宙とつながる方法 ―― 目次

第四章　成長

第五章　霊性への目覚め

第六章　夢の実現

第七章　空虚感

第八章　自由へ

装丁　鈴木大輔（ソウルデザイン）
組版　横内俊彦

第一章

出会い

最初の試練

私にはかつて配偶者がいました。

諍いがたえず別居生活を送っていました。

そんななか、子宮筋腫がみつかり、子宮摘出はやむを得ないと診断されたのでした。医師の言葉を耳にしたときすぐには信じられず、「まさか私に限って」「なぜ私なの」と疑問と怒りがふつふつと湧いてきたのでした。

子を産み育てることが、唯一女性の幸せと考えていた私にとって、子を産むことができないということは、人生に見放されたも同然でした。しかも女性の象徴でもある子宮がなくなるということは、恐ろしく哀しいことでもありました。

現実を受け入れられず、藁にもすがる思いで方々の病院を駆けずりまわりました。

代替療法を試みましたが、望むような結果は得られませんでした。

絶望感にうちひしがれ、自己憐憫に陥り、アルコールに救いを求め、浴びるほどお酒を飲むこともありました。でも、アルコールがもたらすのは、じわじわと内側を破壊するかのような錯覚と、罪悪感だけでした。

しばらくすると、過去におかした過ちの代償ではないかと、過ぎ去った日々に思いを巡らしていたのでした。

成長するときに人は出会う

不思議なことに、とことん落ち込むだけ落ち込むと、ごく自然と、気持ちが浮上してきたのです。なにかがふっ切れたかのように、あるとき、あっさりと現状を受け入れていたのです。


術後、私のなかに懐かしさとあいまった、さわやかな風が吹きこまれていました。

女性としてのセクシュアリティーに対する執着とともに、「女性だからこうあるべき」といった、思い込みや決めつけなどから解放されていたのです。

たとえ女性としての機能のひとつが損なわれたとしても、生きるうえでなんら支障をきたすことはなく、むしろ手術したことによって、生きていることが新鮮に感じられるようになったのです。

でも、ときおり深い喪失感と哀しみに見舞われていました。

不意に、もう子を産むことができないという思いが湧いてくるのです。

いま思えば、このころがもっとも辛く哀しい試練のときでした。

試練は病ばかりではなく、死別や離別、あるいは倒産や失業など、さまざまな形でその姿をあらわします。誰しも避けて通ることはできません。

季節でたとえるならば凍えるほど寒い冬の到来です。でも自然が変化を繰り返すように、いつまでも厳しい冬がそのまま留まっているわけではありません。じき必ず、暖かな春が訪れるはずです。


「もう二度と苦しみたくない」「なんとしても苦しみを避けなければならない」、私はそう思ってスポーツクラブでトレーニングをはじめることにしたのでした。

そしてスポーツクラブに行き、ジムに足を踏み入れた途端、インストラクターのTさんから発せられている周波数らしきものを感受したのです。微細な感覚ではありますが、あたかも脳の一部分に電流が通っているかのような、じりじりとした刺激をおぼえ、その磁力に引き寄せられたかのように、Tさんからトレーニング指導を受けはじめたのでした。

このとき、まさしく魂が成長のチャンスをとらえたのです。もちろん、お互いの魂どうしの成長です。

私たちはあるとき、なぜか意外な人に心を惹かれることがあります。そのようなときは必ずといっていいほど、魂が関与しているのです。その相手に、魂自身の成長に必要な情報があるのです。

たとえそのときはわからなくても、後に振り返ってみると、すべての出会いのなかに、成長に要する情報が秘められていることに気づかされます。

出会いは、情報を伝えるメッセンジャーの役割をなしているのです。

否定的な感情を解き放つと、可能性の扉が開かれる

「不安や恐れなどの否定的感情を解き放つと、高次元の波動に触れて可能性が開花します」

トレーニングのさなか、不意に、Tさんが思いがけないことを話しはじめました。

私はしばらく呆気にとられてしまいました。私の理解範囲をはるかに超えていて、なにを言っているのかさっぱり解りませんでした。

同時に、「不安」「恐れ」「怒り」などが内側にひろがっていたのです。

このとき湧きあがった感情こそが、Tさんの言う「否定的感情」そのものだったのです。


まず不安感をおぼえました。

なぜならちょうどそのころ、オウム真理教の信者たちが世の中を震撼させていたからです。Tさんの話は、その若者たちの姿を彷彿とさせました。

私は先入観によって不安や恐れを抱いてしまったのです。

私ばかりではなく、実に多くの人が、知らないものや目に見えないものに対して、不安や恐れを抱いてしまいがちなのです。

たとえば、夜中誰もいないはずの部屋から物音が聞こえてきたりすると、一瞬にして緊張感が走ります。おそるおそる様子を見にいき、原因がわかってはじめて安堵の胸を撫で下ろします。

あるいは、車を運転しているとき、雨が激しく降りはじめると、途端に緊張し、さらに土砂降りになり視界が遮られると、たちまち不安感がひろがります。

このように、人は目に見えないものや、ぼんやりしたものに、不安や恐れを抱きがちなのです。

さらに憤りをおぼえました。

そのころの私は、不安や怒りや葛藤などで内側が混乱し、日々ネガティブな感情に支配されていたのです。だから私自身が否定されているような気がしてならなかったのです。

それればかりではなく、楽しければごく自然と笑みがこぼれるように、不愉快なことがあれば怒って当たり前であり、不安や葛藤や苦悩があることこそ、人間を人間たらしめていると思っていたのです。

もしかりに、否定的感情が解き放たれたとしたら、それによって自分自身が失われ、「感情のないロボットのようになってしまうのではないか」と、かえって不安感をつのらせていたのです。

それから、可能性という言葉に抵抗をおぼえました。

可能性というのは、特別な人、もしくは選ばれた人たちだけのものであり、なんら能力も才能もない、いたって凡庸な私にはまったくゆかりのないものと思っていたのです。

こうしてすでに自分自身を制限していたのです。この思い自体が、自己否定にほかならないのです。

無知と誤解が、一瞬にして、否定的な感情と思考を生じさせてしまうのです。

いっぽう、「高次元の波動に触れることによって可能性が開花する」との言葉が、なぜか脳裏に刻まれていました。

「高次元」ときいたその瞬間、私はまっさきに天界を思い浮かべていたのです（私にとって、天界とは神の領域であり、進化した魂が存在しているところです。ちなみに、神、宇宙、大いなる存在などは同意語です）。

たしかに、私は目に見えない世界に対して懐疑的ではありました。だからといって、神を否定していたわけではないのです。宗教との関わりはなくても、教会や神社やお寺に行くとごく自然と手を合わせていました。それに、哀しいときや辛いときなども、思わず神様に祈っていたのです。これは誰にも当てはまるのではないでしょうか。

おそらく気がつかないだけのことであって、心奥深くは神と繋がっているのです。**すなわち私たちは、生まれながらにして宇宙と繋がっているのです**。

私にはこれといった能力や才能などありません。そのうえなによりも努力や我慢が苦痛でなりません。そのせいか当たり前のように挫折を繰り返していました。

かつてジュエリーデザインに興味を持ち、いざ彫金を習いはじめると途端にやる気を失くし、絵画教室にいってもすぐ足が遠のき、スポーツは何をしても長続きしませんでした。

そしてことあるごとに、自分自身にも他人にも、「生まれ持った性質だから」「遺伝だから」と言い訳をしつつ、自分の不器用さや無力さを嘆き、つねに自己嫌悪に陥っていたのです。まさに自己否定の塊でした。

その時分の私には、「本当にやりたいことが見出せなかった」ということも一理ありますが、それ以前になにをしても喜びや楽しさが湧いてこなかったのです。実際のところ、喜びや楽しさがなければ、なにをしても苦痛なのではないでしょうか。

思えば、否定的感情によって、人間本来に備わっている「喜びの水路」が塞がれていたのです。「喜びの水路」については後述します。

そうしたことから、Tさんの話はきわめて魅力的であり、半ば諦めかけていた人生に一縷の望みをみたのでした。

なぜなら、不安などの否定的感情を解き放つうえで、特別な能力や才能、あるいは努力や我慢などのいっさいが不要に思えたのです。

もしその話が真実であるならば、「まさしく人間は平等ではないか」とひとり頷いていたのです。

「否定的感情を解き放つと可能性が開花する」

この言葉は、未だに私のなかで息づき、座右の銘となっているのです。

みずからの精神が人生の方向性を示す

Tさんが辞職し、九ヶ月間におよぶトレーニングに終止符が打たれました。

送別会の帰り際、私は長い間抱いていた疑問をTさんに投げかけました。

「人生の方向性を示す指針って、どこかにあるのかしら?」

するとTさんは真剣な面差しできっぱり答えたのです。

「心を見つめること。精神世界しかありません」

このときはまだよく理解できませんでしたが、ほっとしたことは確かです。そこで特定の宗教団体の名を耳にしたならば、反感をおぼえ抵抗していたにちがいありません。

でも、みずからの精神が人生の方向性を示すとなると、様子はまったくちがいます。

私はこれまでずっと、「人生を歩むうえでの指針はどこにあるのだろうか」「指針がなくてみなどうやって生きているのだろうか」と、しばしば自分に問いかけてきました。

生きることに対する疑問は、誰もが抱いたことがあるかと思われますが、なにかしらの答えを見つけた人は、ごくわずかしかいないのではないでしょうか。

私自身、このような疑問にとらわれると、真っ暗闇の谷底に突き落とされたかのように錯覚し、なんとも言い表せない恐怖に襲われもがき苦しんでいたのです。

だからいつのまにか、あえてその問題には触れようとはせず、かえって、意識的に遠ざけてきたのです。

宗教活動にたずさわる知人もいます。何度か教義を聞き、入信を勧められたこともあります。しかし心惹かれることはなく、ことさら興味を持つこともありませんでした。

もちろん宗教を否定しているわけではありません。宗教心や信仰心を持つことは心を豊かにしますから、素晴らしいことだと思っています。

ただし組織に関わることによって、行動の自由やさまざまな感情を抱く自由が奪われてしまうような気がしてならないのです。

そうした経緯から、「みずからの精神が人生の方向性を示す」という話は、とても新鮮に響いたのです。

心を見つめてみよう

トレーニングをやめて三ヶ月ほど経過していました。

気づいてみると、私のなかに空虚感がただよっていたのです。

あたかも、枝から離れた一枚の葉のように、ゆらゆらと私自身が揺れだし、ぽっかり穴があいているかのように、心のなかには冷たい風が通り抜けていました。

この感情は幾度も経験し、遡れば遠く十代の頃から感じていました。そしてその都度、心の穴を埋めようと、いろいろなところへ行き、多くの人たちのなかに交わり、ひたすらに刺激や享楽的な楽しさを追い求め続けていました。

けれど、なにをしてもどこへ行っても、その穴を埋めることはできず、心満たされることはありませんでした。

むしろ心の穴を埋めようとすればするほど、心はさらに揺れ、虚しさはひろがり、自己嫌悪と罪悪感にさいなまれていたのです。そうした繰り返しにほとほと疲れ果ててしまったのです。

もしも、今後の人生がこれまでと同じような繰り返しであるならば、それは私にとって死を意味することだったのです。

そんなある日の午後、駐車場に向かって歩いているさなか、なんの前触れもなく突然、囁き声が聴こえてきたのです。

「この先も同じように生きるの？」

この囁き声は、私の内側から、私自身に発せられていたのです。とくになじるふうでも、責めるふうでもありませんでした。ただあまりにも唐突すぎて、私は考えるまもなくとっさに答えていたのです。

「もういや！　うんざり！」

思わず口をついた言葉に、自分でも驚いてしまいましたが、それが本心だったのです。これまでの享楽的な楽しみを追い求める生きかたに、嫌気がさしていたのです。

ほどなく、不思議なことが起こりはじめました。それまで私自身のなかに、さほど知的好奇心や知的欲求などが存在しているとは思えなかったのですが、なぜか無性になにかを学びたい、知りたいという欲求がつのり、まるで永い眠りから覚めた生き物のように、うずうずとなにかが蠢きはじめたのです。

とはいえ、とくに学びたいものは思い当たらず、とりあえず英会話スクールに通いはじめたものの、案の定あっというまに足が遠のいてしまったのです。たびたび繰り返すいつものパターンとはいえ、やはりがっかりしてしまいました。

でもこのときふと、かつてTさんから聞いた、「精神世界」という言葉が脳裏に浮かんできたのです。

精神、それが自分自身であることは間違いないのですが、いまひとつはっきりしません。そこで辞書を引いてみました。

精は「純粋」、精神は「心」「魂」

——純粋な心、純粋な魂。

「ちがう、私とは次元がちがう」。とっさにそう思いました。

私はたくさんの過ちをおかしていますし、当然のことながら、自分自身が純粋であるとは到底思えないのです。

しかしそのいっぽう、「純粋」という言葉の響きに、たとえようもない懐かしさと憧憬を抱いていたのです。

「心」、そこは恐ろしくもある暗闇の洞窟です。

そんなところになにかが潜んでいるなんて、これまで考えたこともありません。いえ、潜在的に関わってはならないと思っていたのです。少しでも踏み入るならば、たちまち、得体の知れない恐怖に飲み込まれてしまう、なぜかそんな気がしてならなかったのです。

けれども、その心のなかに、想像だにできないなにかが秘められている、あるいは魂が隠れ潜んでいる、というのであれば……。

なんとしてもそれをつきとめるほかありません。この瞬間、強い好奇心が湧きあがり、未踏の地へ踏み入ることを決意したのでした。

心を見つめること。選択の余地はありません。

第二章

不安とはなにか

不安の正体

心を見つめること。それはみずからを省みることではありますが、一日を振り返ることもない私には抽象的だったようです。実のところ、なにをどうしていいのか皆目わかりませんでした。

もちろん「心」をとらえることもできません。ただし、不安を感じる部分が心であることは確かです。

私は不安とともに生きてきた、といっても言い過ぎではないほど、常に漠然とした不安を感じていました。

でも、不安はすべて一過性であり、多かれ少なかれ誰もが抱えているので、然るべきものとして受け入れていたのです。

しかも一生を通して付き合っていくものと認識していましたから、不安と仲よく折り合いをつける方法を摸索していたほどです。

突発的に漠然とした不安を感じることもありました。

家事を終えて一息つくやいなや、突然おそってくるのです。途端にソワソワしだし、午前中でもアルコールを飲んで紛らわすか、さもなければ、不安が消えるまで、ただ怯え身を縮めていたのです。

そうした経緯から、「心」というと、まず不安を思い浮かべていたのです。

さっそく、書店に向かい、不安に関する書籍を数冊求めました。

それらのページを一枚一枚めくるたびに、まるで目からウロコが落ちたかのように、目の前が明るくなりました。次第に引きこまれていき、時間の経過を忘れるほど夢中になって読んでいました。

そこでまず解ったことは、不安は人生全般に悪影響を及ぼすということでした。

瞬時に、心の安らぎや、幸福感を奪います。

過度な緊張が生じ、なにをしても良い結果は得られません。

視野が狭まり、日常生活のなかに溢れている豊かさを遠ざけ、新たな発見と、それにともなう新鮮な驚きと喜びが阻まれてしまいます。

不安や恐れは行動を制限します。最初からできないと思い込ませて無能力にしてしまうのです。そうして、生まれながらにして備わっている、創造性や可能性の扉が閉ざされてしまうのです。

運気を下げるネガティブ思考なども、不安が深く関わっています。

だから、不安を解き放つと、おのずとポジティブ思考になり、人生の色合いが変わり、明るく有意義なものとなります。

そもそも不安感などは、危機を未然に知らしてくれる、信号機の役割として活用するものなのです。


そのころ私が抱いていた不安を挙げると、「経済的な不安」「老い」「死」などです。

それらは程度の差こそあれ、誰もが抱いている不安であり、いずれも先が見えないことから生じています。

実際のところ、未来に起こる出来事は誰にもわかりません。ほんの数秒先でもなにが起こるかわからないのです。

もしも未来が見えたとしたら、たとえそれが輝かしいものであれ、不本意なものであれ、人生は退屈なものとなり憂鬱になります。

未来が未然にわかってしまうと、間違いなく気持ちは弛み、生に対する真剣さが半減されることは必至です。

遊びにしても仕事にしても趣味にしても、真剣だからこそ楽しめるのであり、悔いが残らないのです。

ワクワク感なども、先が見えないからもたらされるわけですから、未来が見えないことは、むしろありがたいことではないのでしょうか。


人生は、予期せぬ素晴らしい出来事が起こりうる可能性を秘めています。

事実、それらはあらゆるところで起こっています。それにもかかわらず、不安を感じるということは、過去のデータ、つまり記憶にもとづいた思考によって、未来を想像しているのです。

思考が、過去と未来に支配されているのです。

過去と未来に支配された思考こそが、現実からかけ離れた幻想にすぎないのです。

現時点の、「いま、ここ」で不安の存在を確認することは、どんな手段をもってしても到底できません。

一時的に思考をストップすると、「いま、ここ」にまったく不安が存在しないことを確認できます（簡単な方法として、息を止めると思考はストップします）。

まさしく、**不安は記憶にもとづいた思考がつくりだす、落とし穴にほかならないのです。**

条件によって湧きあがったり、消えたりする不安こそ幻であり、もともと存在しないものなのです。

不安を感じるということは、いま、この瞬間から、自分自身の気持ちが離れている証なのです。

人生は、一瞬一瞬が鎖のように繋がっている連続体です。

本当に生きるということは、「この瞬間」をとらえることでもあります。

この瞬間のなかに、「愛」「美」「豊かさ」「喜び」などが存在しているのです。

瞬間をとらえたなら、それらすべてがもたらされるのです。

本当の自分をとりもどす

不安にもいろいろありますが、私は漠然とした不安に苦しめられていました。

理由がわからないからなおさら薄気味わるいのですが、漠然とした不安の要因は、日常生活のいたるところに潜んでいるのです。

孤立感を恐れていた私にとって、友人たちの存在はなににもまさる避難場所でした。そこでの孤立は、恐怖心を増大させるので、知らず知らず、周りに受け入れてもらえるかりそめの私を演じていたのです。

私は自分を生きていなかったのです。つまり本当の私は死んでいたのです。趣味にしても、自分が楽しむというより、周りに足並みを揃えることが重要だったのです。そうして孤立から逃れ、安心感を得ようとしていたのです。

不愉快なことを言われても、理不尽なことをされても、「友だちだから仕方がない」とみずからに言い聞かせ、当たり前のように我慢を繰り返していました。

人との関わりのなか、妥協点を見いだすことは必要です。でもそれはお互いがプラスになることが前提になります。そんなとき心は晴れやかなものです。

ところが当時の私は、「何かおかしい」と、違和感をおぼえながら、つねに相手に調子を合わせ、心を曇らせていたのです。

とくに配偶者に対しては、波風を立たせたくないために、多くのことがらに対して我慢と妥協を重ねていました。

そのいっぽう、我慢や妥協は当然のこととして、私のなかに刷り込まれていたことも否定できません。

我慢や妥協をしなければ、「世間の誰にも相手にされず、孤立するのではないか」と恐れていたのです。

だから、ことあるごとに我慢と妥協を重ねていたのです。

そうしていたからといって、日常生活に平穏がもたらされていたわけではありません。表面的に波風は立たなくても、恒常的に繰り返す我慢や妥協によって歪められ、やり場のない怒りや不満、あるいは葛藤などで心のなかは混乱していたのです。

本心を無視しつづけ、みずからを欺いていた結果にちがいないのです。


みずからを欺き、晴ればれとした気持ちになることはあり得ません。

心はつねにはモヤモヤし、なにかにつけて苛立ちをおぼえます。

感覚が麻痺していると、心のモヤモヤには気づきません。

みずからを欺いている事実にも気づきません。

もちろん、不安を抱いていることにも気づきません。

なかには、不安を抱いていることを否認している人もいます。

みずからを欺くという光景は、いたるところで見受けられます。

いじめなどはけっして子ども社会だけのことではなく、大人たちのあいだでもしばしば行われています。

いじめを目にしていながら見て見ぬふりをしたり、ふだん批判していながらも、本人を目の前にすると迎合し調子よく合わせたりします。

自己保身とはいえ、恐れがそうさせるのです。恐れから、ありのままの現実に目を向けず、安易なところで自分自身の安定をはかろうとしてしまうのです。

ところが、それこそ的外れであり、むしろそうした行為こそが不安感をつのらせてしまう要因なのです。

安定は、自分に正直になることによってもたらされます。

おそらく、私たちの本質は「善」ではないでしょうか。というのは、誰もが善悪に敏感だからです。

それに私たちには、生まれながらにして善悪を判断するセンサー機能が備わっていて、それはつねに作動しています。

たとえ理性が正しいと判断したことであっても、センサーはその思考を遥かに超え、瞬間的にサインを発します。

たとえば、みぞおちあたりが締め付けられたり、胸が重苦しく感じられたり、なんとなく後味の悪い思いをしたり、落ち着きをなくしたりなど、内側に注意を払うといろいろなサインに気づきます。

私たちは、みずからのセンサーから発せられるサインに従うことによって、風通しのよい、すがすがしい心を保持できるのです。

否定的感情が生まれる要因の一つは曖昧さです。

曖昧さが、あたかも思いやりや優しさであるかのように、勘違いをしている人が驚くほど多くいます。

また、「何ごとにもとらわれたくない」と言って、ものごとをうやむやにしたり、「なんとなくおかしいのではないか」と思いながらも、見過ごしたりします。

そうして自分では、何ごとにもとらわれていないつもりでいても、それこそが錯覚なのです。心のなかでは、そのものごとが未解決の問題としてくすぶり続けているのです。

しかも、そのうやむやが積もり積もって厚い壁となり、しだいに心が塞がれてしまうのです。

それればかりではなく、成長をも阻まれてしまいます。

なぜなら、「熟考し」「見極め」「理解する」ことによって、成長がもたらされるのです。

ものごとを理解するには産みの苦しみがともないます。でも、その苦しみを経て成長して、はじめて何ごとにとらわれない自分自身がつくられるのです。

曖昧さも恐れによるものです。ものごとを曖昧にすませることは、本心を無視することでもありますから、ますます本来の自分を遠ざけてしまいます。

イキイキとした健康な心を保持するためには、弁別力を要するのです。

些細な嘘だからといって、罪の意識を持たない人も少なくありません。ものごとを大袈裟に言ったり、なにかの折りに仮病をつかったり、または感傷的になり約束事を反故にしたり。

軽い気持ちでついた嘘でも、心は見過ごすことはなく、いつまでもずっと記憶し続けています。

私たちは、相手が誰であれ、嘘をつかれるとがっかりしてしまいます。そのあと信頼関係を築くことは難しくなり、信頼が回復されるまでかなりの時間がかかります。

同様にして、心も、嘘をつく自分自身を受け入れようとしないのです。

嘘は、本来の自分との信頼関係や調和を遠ざけてしまうのです。

本来の自分とは魂のことでもあります。浄化が進んでくるとおのずと魂とひとつになり、

その魂を通して、宇宙との繋がりがもたらされるのです。

怒りや恨みや妬みなどの否定的感情を、ところかまわず平然と撒き散らす人がいます。本人は鬱憤晴らしのつもりでいても、そこにはなんとも言い難いエネルギーがただよっているのですぐわかります。

否定的エネルギーはどんよりと重く、ときには息苦しくなったりするのです。ところが、そのなかにしばらくいると感覚が麻痺してしまい、知らず知らずのうちに、その否定的エネルギーと同化してしまうのです。

否定的エネルギーは、心身に悪影響を及ぼすばかりではなく、運気を下げ、幸運をも遠ざけますから、周りに多大な迷惑をかけてしまいます。

だから、鬱憤晴らしをしたいなら、誰もいないところで大声をあげたり叫んだりすることです。

多くの人が、みずからの感情に気づいていません。

とはいえ誰もが、喜んだり、怒ったり、哀しんだり、笑ったりしますから、まったく気づいていないわけではありません。

でも、いま自分がなにをどう感じているのかと尋ねると、答えられる人はそう多くはありません。かつて私自身がそうでした。

怒っているにもかかわらず、自分ではまったく気づかず、他人に指摘されてもなお否定していたのです。

同様にして、怨みや妬みや羨望などの否定的感情も、自分がそれらを抱いているという事実になかなか気づかないのです。

みずからの感情に気づくうえで、とくにイライラしているときなど、安易に紛らわしたりせず、「なぜこのように感じているのだろうか」と、内面に問いかけてみることはとても大事なことです（その際瞑想が役に立ちます。瞑想については後述します）。

そうすると、自分が抱いている否定的感情や、その要因にあらためて気づいたりするのです。

しかも、その否定的感情は、そのときに生じたものではなく、過去に置き去りにしてきた未解決の問題から喚起されている場合もあるのです。

自分の感情に気づくことは、きわめて重要なことです。

なぜなら、自分がなにを考え、なにを思い、どう感じているかに気づいて、はじめて自分自身に正直になれるのです。自分の感情に気づかず、どうして自分自身に正直になれるのでしょうか。

このことは他者との関係性においても当てはまります。自分自身に正直でなければ、他者にも正直にはなれないのです。いえ、正直になりようがないのです。

みずからの感情に気づかず、自分をみじめな気持ちにさせるモノ、自分をよりイキイキとさせるモノ、自分が高められるモノなどを、どのようにして見極めるのでしょうか。

それに、幸不幸をどのような基準で推し量るのでしょうか。

幸不幸は、けっして自分をとりまくモノで判断することはできません。あくまでも内側が感じとるものです。


だから、みずからの感情に気づくことは、成長するうえでも、幸せになるうえでも必要不可欠なのです。

かつて私は、幸せは外側のモノによってもたらされると思い込んでいました。

でも、あるとき、不安や怒りや葛藤などで混乱しているこの心こそが、まさに不幸そのものであることに気づいたのです。

同時に、不安や葛藤を解き放ちさえすれば、必ず幸福がもたらされると確信したのです。

「あたりまえ」を疑う

社会通念として、「男子は人前で涙を流すべきではない」といわれています。子どものころからそう育てられているせいで、感情を素直に表すことを恥じているのかそれとも苦手なのか、表情が能面のように乏しい男性が多く見られます。

私たちは誰もが、美しい自然の風景を観ると感動し、心あたたまる情景を目にしたなら、思わず胸がいっぱいになります。

反対に、卑劣な行為を目にしたときなど、誰もが一様に憤りをおぼえます。哀しいときや辛いときなど、ごく自然と涙します。そこに男女に違いはありません。

むしろ私たちは、涙を流すことによって、浄化され、癒され、よりイキイキとした心を取り戻すことができるのです。

私は、母親の言動に強く影響されていました。

「女性ひとりでは生きていけない」

もともと男女ともに自立できるようつくられています。自立のうえに、安定があり、心の自由があります。

男女問わず、他者に依存するということは、みずからが負う責任から逃れるわけですから、その分気楽です。しかしその反面、自尊心を失い、自己否定を生じさせます。そうしてあらたな苦しみがもたらされるのです。

ですから、なによりもまず自立を心がけることです。

「女性の幸せは、結婚して夫に頼り、子を産み育てること」

たしかに子を産み育てることは、素晴らしいことですし、幸せなことにちがいありません。でも、ゆるぎのない幸せではありません。

「子がいない人は不幸」

子どもがいるかいないで幸不幸の判断はつけられません。

子どもは、ときには幸せをもたらし、ときには苦悩をもたらします。

確かなことは、幸せは、私たち一人ひとりのなかに内在しているのです。

「我慢をしてでも妻は夫についていくべき」

度重なる我慢は、怒りや恨みや憎しみなどを生じさせます。それらを抱きながら、お互いの心を通い合わせることは容易ではありません。しかも一度抱いた恨みや憎しみなどは、わだかまりとなって後々まで引きずり、関係性ばかりではなく、自分自身にも歪みが生じうるのです。

もっとも大切なことは、お互いの心を通わせることです。だから我慢するのではなく、正直に話し合える環境を築いていくことです。そのためにもまず、それぞれが、みずからの感情に気づくことが求められるのです。

「ひとりでは寂しくて生きていけない」

寂しさは、誰もが持ち合わせている感情です。たとえ家族がいても、多くの友人に囲まれていても、愛する人がそばにいても感じるものです。

寂しさは、不幸を結びつける否定的な感情ではなく、むしろ優しさにつながり、人生に潤いと豊かさとをもたらすのです。

寂しいときは、嘆かず、逃れず、その感情にとことんつき合い味わい尽くすのです。すると必ず、心の奥深くに宿る、安らぎと温もりに辿りつくことができます。

そうして、みずからを癒しつつ、しなやかな強さを身につけていくのです。

今にいたっては、これらの母の言葉はいずれも一笑に付すことができます。

でも、かつての私は、母の「〜でなければいけない」という思いが刷りこまれていたのです。しかも、その思い込みや決めつけによって、縛られ、苦しめられていたのです。

多くの人が、身近なところで見聞きしてきたことがらに対して、頭では真実でないと認識しながらも、知らず知らずのうちに合わせています。

たとえば、

「お金がすべてを解決する」

物質面において多くを解決することは可能ですが、金銭にまつわる不幸な出来事を見逃すことはできません。それにお金を追い求めるということは、お金に支配されることでもありますから、それだけ心の自由から遠ざかります。

「家があれば安心」

ローンの返済が済むまで収入を確保しなければなりません。そのほか維持費や修繕費も必要ですし、また自然災害などにも備えなければなりません。家があるためにかえって執着が生まれ、ときには足かせとなりうるのです。

「年配者の意見は正しい」

もちろん年配者から学ぶことは沢山あります。だからといって、すべてが正しいわけではありません。ときには自分よりずっと年下の人からおしえられることもありますから、年齢とは関係なく、つねに人の話に耳を傾けるよう心がけることです。

「痩せているほうが美しい」

もっとも美しいのは健康的な身体であり、それぞれに適正体重があります。

「離婚は子どもを不幸にする」

表面的にはきちんと装っていても、夫婦間のよそよそしさは隠せるものではありません。とくに子どもは敏感ですから、ネガティブな空気をいち早く感じとり、不安で心を閉ざしてしまいます。子どもにとって大切なことは、のびのびと天真爛漫でいることです。

「独身者は性格的に問題がある」

おかれている状況や立場で人間性を問うことはできません。それぞれ価値観も異なりますから、生き方もさまざまです。かりに皆が足並みを揃え、一定方向に向かっているとしたら、それこそ味気ない世の中になります。想像するだけで背筋がぞっとしてしまいます。


「死は不幸なできごと」

死は、別れがともない哀しみをもたらします。でも、そうだからといって、死と不幸とは結びつきません。誰もが例外なく、この世に誕生した瞬間から死に向かっているのです。もし死が不幸というのであれば、私たちは不幸になるために生まれてきたことになります。私たちは幸せになるためにこの世に誕生したのです。

死は、まさしく究極の変化にほかならないのです。


「死は恐ろしい」

死後の世界がわからないから、そう思うのです。


時代とともに変化する価値観、あるいは真実ではない概念に、自分を合わせようとすると、必ず心は揺れます。心はつねに真実を求めているのです。

心に背き、みずからの個性を無視し、窮屈な枠のなかに自分自身を押し込めると、当然、歪みが生じます。心は人真似ではなく、個性的な生きかたを望んでいるのです。

本来の自分に出会うためには、思い込みや決めつけなどを手放すことが求められるのです。

不安を解き放ち豊かな人生を

かつて私は、いつともなく聴こえてくる否定的な声に苦悩していました。

とくにあらたになにかを始めようとすると、決まって、

「やめろ、よせ、いいかげんにしろ」

などと否定的な言葉が聴こえてくるのです。

途端に私は金縛り状態になり、行動に移す前にブレーキがかけられてしまうのです。もちろん成長も変化もありません。

否定的な声は混乱を生じさせるばかりではなく、無能力にしてしまうのです。

しかも否定的な声は執拗にまといつき、夜ベッドに入るやいなや聴こえてくるのです。

私はたちどころに混乱し、恐怖におののき、耳をふさいで身を縮めていました。

でも、その否定的な声は、私自身の内側と呼応していたのです。

不安や恐れなどの否定的感情が解き放たれるにつれ、次第にその声が遠のいていきました。

代わって、愛と思いやり溢れる肯定的な声のみを聴くようになりました。

そしてベッドに入り眠りにつくまでが至福のひとときとなり、まさしく宇宙のひろがりを感じはじめたのです。


不安や恐れなどの否定的感情は、混乱を生じさせるばかりではなく、情報の回路を妨げ、視野を狭めます。


たとえば、信頼する人に見守られながら遊んでいる子どもは、ごく自然と好奇心が湧き、次から次へと新しいものを発見しつつ、天真爛漫に遊びます。子どものなかに存在する安心感がそうさせるのです。

言いかえるなら、子どもは過去と未来にとらわれることなく、この瞬間を生きているのです。もちろん思い煩うこともありません。

反対に、そばに信頼する人がいないと、子どもは不安にかられ、緊張し、萎縮し、好奇心が湧くこともなく、朗らかに遊ぶことはできません。

同様にして大人も、不安や恐れがあると、知らず知らず緊張し、萎縮し、好奇心や探究心などが阻まれてしまいます。そうして、世界観のひろがりまでもが妨げられてしまうのです。

不安や恐れは、感受性をも抑えてしまいます。

美しい景色を目にすると、誰もが心動かされます。その美しい景色が心に沁みわたり、たとえようもない懐かしさを感じたり、あるいは圧倒され、心の底から喜びが湧きあがることもあります。

でも、不安や恐れなどで心が塞がれていたら、たとえ美しい景色を目にしたとしても、心に沁みることはなく、感動も喜びも半減してしまいます。

人生のプロセスでも同じことが言えます。不安や恐れを解き放ち、あるがままでいるならば、あたりまえのように人生を素直に楽しむことができます。

なぜなら、日常生活のなかそこかしこに、素敵なことが散りばめられていることに気づくのです。

人生、そう度々劇的な出来事が起こるわけではありません。

人生は日々の繰り返しであり、些細と思われることがらの積み重ねです。

些細と思われていることのなかに、素敵なことが散りばめられているのです。

日常生活のなかに存在する美と喜びに気づくことが、真の豊かさにほかならないのです。

否定的感情は心を塞ぐばかりではなく、みずからの目をも曇らせています。ガラス越しに見える景色も、ガラスに埃が付着していると、ぼんやりとかすんで本来の景色を見ることはできません。

そこで埃を拭き取りガラスを透明にすると、否が応でも本来の景色が目に映ります。心は、そのガラスに匹敵します。不安や恐れなどの否定的感情、あるいは思い込みや決めつけなどが解き放たれると、おのずと心が透明になり、あらゆるものがありのままに見えるのです。

第三章

瞑想のすすめ

瞑想の効用

瞑想に対して多くの人が誤解をしています。なにもせずただじっと目を閉じて座っているだけで、たんに時間を浪費しているのではないか、もしくは、なんらかの宗教と関わっているのではないかと、胡散臭いイメージを抱いている人もいます。

実のところ、瞑想は、精神面と肉体面に健康をもたらす活力源にほかなりません。

これまで溜め込まれた否定的感情を、一つひとつ薄皮をはがすように解き放つので、次第に気持ちが前向きになります。

また、日常生活で生じるストレスの侵入を防ぎますから、天候による気分の浮き沈みもなくなります。どんより厚い雲に覆われたり、雨に降られたりすると途端に落ち込むことがありますが、そうしたことから解放され、むしろ、曇り空や雨が降ることのありがたさに気づくようになります。

瞑想は、「気づき」をもたらします。

その気づきとは、注意深くあることによってもたらされます。

たとえば、いまかりに部屋にある観葉植物を観察するとします。するとまず、植物の全体像をとらえ、つぎは植物に接近して葉一枚一枚に目をやり、葉脈などを注視していきます。このとき何も考えていません。思考は完全にストップし、ただ注意が払われているだけです。その注意をそのまま自分自身に向けてみます。この状態が「気づき」の状態です。

つまり「気づき」とは、思考をまったくはさまず、自分自身の内側にも外側同様に注意が払われている状態のことなのです。

それによって、内側で湧きあがる感情、思考、言動などをとらえることができます。

とはいえ、日常自分の内外に注意を払い続けることは容易ではありません。かえって緊張し、ますますストレスがたまってしまいます。

そこで瞑想が、リラックスしつつ、内側に注意が払われている「気づき」の状態をもたらすのです。

人間には二つの脳があります。

左脳は言語で思考し、記憶、論理、計算、分析などをします。

右脳は、イメージで思考し、創造性や想像性あるいは芸術性などを担います。

頭のなかは、朝目が覚めた瞬間からさまざまな思考が駆け巡ります。一日中たえまなく続けられるその思考は、記憶にもとづき比較や判断などをしています。そのように、ふだんしている思考を自我思考といい、言語を媒体としているので左脳が働いています。

不安や恐れなども、過去のデータが生み出しているので、左脳（自我）がつくりだしています。

したがって、**瞑想をして左脳を停止させることにより、不安や恐れを解き放つことができるのです**。

左脳が停止すると、これまでさほど活用されなかった、右脳が活性化しはじめます。その右脳領域に、ワクワクするような情報がぎっしりつまっているのです。

自我が沈黙を続けると、内側が静まり、心の平安が得られます。

そうすると、直感が訪れやすくなります。

直感というと、閃きばかりではありません。神秘体験も直感的経験です。だから宇宙との繋がりも、直感的経験としてとらえることができるのです。

神秘体験は時空を超え、たちどころに否定的感情を解き放ちますから、自己成長をうながす貴重な経験なのです。

右脳は、感性ばかりでなく人間性とも深く関わっているといわれています。美を見出すことはもちろん、思いやりや、優しさ、あらゆるものを愛する能力などが右脳によってもたらされるのです。

瞑想は、右脳と左脳のバランスをはかり、人間としての機能を回復させつつ、本来そなわっている能力を開発する原動力となります。

さらに、本来の自分と自我との調和をもたらすのです。

つまり瞑想は、私たちの人生を台無しにする否定的感情や否定的思考などを解き放ち、代わって、実り豊かな人生に欠かせない、愛、霊性、美、直感、健康などをもたらすのです。

直感はさまざまな形で訪れる

直感は、日常生活はもちろんのこと、仕事や人間関係など、人生全般に影響を及ぼします。

直感は人生を切り拓くうえで欠かせません。

また、独自の人生を歩むうえでも直感による導きほど確かなものはなく、人生の方向性を示す羅針盤となるのです。

直感はさまざまな形で訪れます。

・つねに安心感と勇気をもたらし、かつ支えとなってくれる内なる囁き
・言葉はなくても、ぼんやりイメージが浮かぶ直感
・鮮明に映像化される透視的直感
・分析に分析を重ねても得られない答えを、一瞬にして明らかにする洞察的直感
・予言的直感
・未来に待ち受けている危険を未然に知らせる警告的直感
・テレパシーのように、瞬時に他者の気持ちが伝わる直感

直感はけっして、特別な人たちだけのものではなく、ふだん誰もが経験しています。

たとえば、「胸騒ぎがする」「なんとなく嫌な感じがする」「ワクワク・ドキドキ」などの感覚も直感のひとつです。

なんとなく不安感をおぼえ、家に戻ったところ、大事な書類を忘れていたとか、オーブンの火を消し忘れていたとか。

あるいは、胸騒ぎを感じて旅行をキャンセルしたところ、現地でテロや自然災害などが

起こり、あやうく難を逃れたとか。いずれも直感によって不運から免れたのです。

私自身も、直感によって、人生が切り拓かれ、変化と彩りがもたらされました。日常生活でも、救われることが多々あります。

以前住んでいた湘南での出来事です。

当時、東京にある取引先に時々出かけていました。その往復は車を運転し、国道を利用していました。

ある夜、東京からの帰り、第三京浜から横浜新道に入ったところで、言葉でもなく、映像でもなく、ただぼんやりと「海沿いから帰ろう」という思いがふわーっとひろがったのです。

すでに陽は沈み、海岸線を通っても美しい景色を眺めることはできません。一瞬躊躇したのですが、とにかくその思いに従い、すぐさま進路を変えて横浜横須賀道路を走行したのです。

しかも、朝比奈で降りるはずが、なぜかそのまま通り過ぎて逗子に向かっていたのです。

そして逗葉新道の料金所を出て数メートルのところで、突然車のエンジンが止まってしまったのです。

一時間ほどでＪＡＦが到着し、原因を調べたところ、タイミングベルトが切れていました。いつ切れても仕方がないほどに劣化していたのです。

車を牽引してもらい無事我が家に辿りついたものの、もしも、いつものように国道を走行していたならば、渋滞のなか多大な迷惑をかけていたにちがいありません。というより、交通量の激しいところで突然エンジンが止まってしまったら、大変な事態になっていたことは容易に想像できます。

この出来事によって、直感のありがたさと、信頼することの大切さを痛感したのでした。

瞑想のはじめかた

瞑想は誰もが簡単にはじめられ、必ず成果が得られます。

瞑想は静かなところで行います。

あらかじめ電話は留守電にし、家族がいるなら、瞑想のあいだは部屋に入らないよう伝えておきます。

1. 安定がたもてるように座ります。蓮華座、正座、椅子に腰掛けてもかまいません。負担がかからない姿勢で座ります。無理な姿勢は痺れや痛みをひき起こし、集中を妨げるので瞑想には向きません。

2. 背柱をまっすぐにして、身体の力を抜きます。

3. 丹田（臍下３cmあたり）にほんの少し力を入れて、肛門を締めます。そうするとおのずと姿勢がよくなります。

4. 顔を正面にむけ、顎をひき、視線をやや下げて軽く目を閉じます。視線を下げ気味にすると時間が経っても首が疲れません。次に掌を大腿部にのせて上へ向けます。

5. 腹式呼吸を三回おこないます。一から七までかぞえながら鼻から息を吸って、お腹を膨らませます。そこで三秒間息を止めます。そして一から七までかぞえながら、お腹がぺったんこになるまで口から息を吐きだします。

6. 腹式呼吸のあとは、そっと優しく、鼻から吸って鼻から吐く自然呼吸に切り替えます。

7. 呼吸に注意をむけ、二十分間同じ姿勢を保ちます。

8. 集中するために、「ひとつ、ふたつ、みっつ」と数をかぞえることもおすすめです。瞑想状態に入るとおのずと声は止みます。

9. 瞑想を終えたあと、拳をにぎり両手を力いっぱい高く上げ伸ばし、二〜三秒して脱力します。三回繰り返えすと頭がすっきりします。

最初慣れないうちは、五分間でも十分間でもかまいません。まず目を閉じている状態に慣れることが大切です。

何かしらの手応えが得られないからといって、がっかりすることはありません。はじめは誰もがそうです。継続するうちに、心地よさや至福感を得ることができます。瞑想の醍醐味や妙味のようなものを実感することもできます。

それから、神秘体験を待ち望んではなりません。執着あるところに神秘体験は訪れないのです。神秘体験は、ある日、突然、思いがけないときに訪れるのです。

瞑想するときの注意点

1. 背柱をまっすぐ伸ばして身体の力を抜きます。首筋や肩あるいはそのほかの部分に緊張を感じたならば、そのつど細く息を吐き出しながら、余分な力を抜いていきます。

2. しばらくのあいだ想念が浮かんできたりしますが、追わないで、空をただよう雲のように流します。継続するうちに、次々と浮かぶ想念も自然と消えていきます。

3. もっとも重要なことは、瞑想は暇なときや気が向いたときに行うのではなく、毎日なるべく決められた時間に行います。

4. 食後は眠くなりますから、食前が適しています。

5. 時間がないからできないという声をよく聞きますが、たとえば二十分間早起きしてみてはどうでしょうか。もしくは、朝五分間、ランチ前に五分間、夜お風呂に浸かりながら五分間、就寝前に五分間というように、一日幾度かに分けるのです。そうして徐々に時間を延ばしていくのです。たとえ二十分が三十分になってもかまいません。そのうち、内側が瞑想の終わりを知らせてくれます。

たった一日数十分間の瞑想によって、計り知れないほどの恩恵がもたらされるわけですからぜひ実践してください。その価値は大いにあります。

私自身も、最初はまったく手応えが感じられず、半信半疑で行っていました。継続しているうちに、微細な感覚ではありますが、心のなかで何かが動く気配を感じはじめたのです。しかも二十分間の瞑想ができず、長いあいだ、五分~十分間ほどしか行っていませんでした。それでも、計り知れないほどの成果が得られたのです。

瞑想の成果があらわれはじめたのは、開始からおよそ二~三ヶ月経過したころでした。それまでの私は、他人のなにげない態度や、些細なひと言に落ちこみ、その感情を後々までひきずり、いつもくよくよしていたのです。

でも、いつのまにか、他人の言動や態度に振り回されなくなっていたのです。かえって、内側が浄化されると敏感になりますから、瞬時に、相手の真意や心の混乱の度合いなどが感じ取れるようになっていたのです。

「自分を知る」ということは、自分の心の動きや感情や思考に気づくことです。それはそのまま他者を知ることにもつながるのです。

かつて私は、人生は修行の場だから、生きることが辛いのは当たり前だと思っていました。実際、辛く哀しい出来事が繰り返されていました。それにたとえ楽しいことが起きても、心底楽しんだことはありませんでした。思えば、いつも否定的感情を引きずっていたので、楽しさが半減されていたのです。

否定的感情が解き放たれたことによって、一瞬一瞬心ゆくまで楽しめるようになりました。

瞑想は身体のバランスを整えます。

瞑想をはじめて三ヶ月ほどすると、やや高めだった血圧が正常値に安定していました。深い部分に溜め込まれた緊張がほぐれたのです。

また頑固な便秘やひどい肩こりなども、エネルギーがスムーズに流れだしたことによって解消されました。

目が離せなかった体重も一定に落ちつき、ウェイトコントロールからも解放されました。

また毎年春先になると必ず風邪をひき、高熱をだして数日間寝込んでいましたが、風邪の症状に見舞われることがなくなりました。

これらのことから、心と身体のつながりを実感したのでした。


瞑想は集中力を養います。

私たちの頭のなかは、さまざまな思考がたえまなく駆け巡っています。その拡散した思考が集中力を妨げているのです。

瞑想することによって、その拡散した思考が整理され、エネルギーに変換されます。そのエネルギーが集中力となるのです。

思考が整理されると、ごく自然と、自分の要求に素直になります。

さらに、思考が整理され集中力が高まると、意識が「いま、この瞬間」をとらえるようになります。

いま、この瞬間のなかにすべてがあるといっても過言ではありません。

繰り返しますが、「愛」「喜び」「美」「幸福感」それらはすべて、瞬間をとらえることによってもたらされるのです。

変化することを恐れない

不安解消の一環として瞑想をはじめたことにより、心と身体の健康がもたらされました。また現実は心の反映といわれているように、否定的感情が解き放たれるに従い、生活全般に明るい兆しがおびてきました。

周囲の人たちに、否定的感情を解き放つ必要性について話しはじめたのですが、その大半が、「自分にはとくに問題はない」といって、耳を傾けようとはしませんでした。なかには否定的な感情が解き放たれると、「自分がひどくお人好しになり、他人に都合よく利用されてしまうのではないか」と懸念する人もいました。

実のところ、私自身も、初めTさんの話を聞いたときには漠然とそう思ったのです。でもそれは無知と誤解であり、実際は自分に忠実になりますから、むしろ自分を守ることになるのです。

もちろん、怒るときには怒ります。ただし、むやみやたらに怒らなくなりますから、そのぶんエネルギーの浪費が避けられるのです。

「自分にはなんら問題はない」という人もいました。かりにそうであるならば、その人はすでに悟りをひらいているのかもしれません。

「いまさらできない」という声も多く耳にしました。それは年齢を言い訳にしているようでいて、実は「すでにある安定を失うのではないか」との恐れを抱いているのです。現実の不満よりも、変化に対する恐れがまさっているのです。

変化を恐れていては、現状の改善はありえません。改善するということは、なにかしらの変化がともなうのです。

それに内面の調和と年齢とは無関係です。私たちは死ぬまで生き続けます。誰にも死を予知することはできないのです。

だからこそ、いつ死が訪れても悔いを残さないように、心を浄化し、内面の調和をはかり、一瞬一瞬喜びをもって生きるのです。

多くの人が、みずからの心を恐れ、自分自身と向き合おうとはしません。漠然と、自分自身を欺いていることに気づいているからです。

でも、たとえ心から目をそらしたとしても、私たちは心とともにあります。いえ、心こそが本来の自分なのです。

本来心は、外側の影響をまったく受けません。なので、あらゆる面で的確に判断します。にもかかわらず、心で思ったことや感じたことを、あたかもはじめからなかったようにそしらぬふりをし、否定し、これまで見聞きしてきた情報や経験にもとづいて行動します。

その結果が現状であり、過去のパターンの繰り返しです。

「なぜいつもこうなの？」と、首をかしげたりしますが、不思議でもなんでもなく、然るべきことが起きているのです。

左脳がつかさどる、記憶という限られた範囲内での思考ですから、過去を繰り返すほかないのです。

みずからの心こそが、愛と思いやりに満ち溢れ、それぞれの最善を熟知しているのです。だから、あれこれと思考を巡らせたことよりも、むしろ瞬間的に閃いた直感の方が、後々自分にとっていい結果となりうるのです。

たとえそのとき「まさか」と、理屈にあわなくても、否定的なことがらが引き寄せられることはありません。かえって、思いがけないほどの幸運が訪れたりするのです。

心の浄化が進むと、自分の内側から、貴重なアドバイスが得られるのです。

そうして安全に、個性豊かな人生へと導かれていくのです。

みずからを愛するからこそ、人を愛せる

私たちは誰もが、過去、辛く哀しい出来事に遭っています。

過ちもおかしています。

そうした経験がない人は世の中にひとりもいません。

たとえ、自分におぼえはなくても、必ず、心は記憶しています。自分自身を守るために、無意識のうちに記憶を封印し、心を塞いでしまうのです。

でも、もう心を恐れることはありません。いえ、心を恐れてはならないのです。

過去の痛みや過ちに直面したときこそ、みずからをまるごと受け入れるチャンスなのです。

心に目を向け、そこで生じる痛みは、新たな自分に出会う、通過儀礼にほかならないのです。けっして、自責の念にとらわれることはないのです。

なぜなら、私たちにとってきわめて大切なことは、自分をまるごと受け入れることです。

ありのままの自分を愛することです。

みずからを愛することからすべてがはじまる、といっても過言ではありません。

自分を愛することができず、どうして他者を愛せるのでしょうか。

愛せない自分を、どうして他者が愛せるでしょうか。

みずからを愛することによって、はじめて他者を愛することができるのです。

神秘体験～透明のゼリー

瞑想をはじめておよそ三ヶ月経過していました。

毎日、心がモヤモヤして不快でなりませんでした。これまで溜め込まれた否定的感情が、心の表面に浮上してきたのです。

同時に、なにかに突き動かされているかのように、私は頻繁に東京を離れ、山中湖、河口湖、湘南海岸、房総半島などにでかけていました。

おそらく心奥深くが癒しを求め、自然の中へ自然の中へと、私をいざなっていたのです。

私自身も、なにかを強く求めていました。

それがどこにあるのか、どのようなものなのか、皆目見当はつきませんでした。けれどもひたすらに、来る日も来る日も、雲を掴むかのように、なにかを追い求め続けていたのです。

房総半島で迎えたある朝、瞑想をはじめて二〜三分すると、不可思議な感覚につつまれたのでした。

身体中が無色透明のゼリーに被われ、それが頭のてっぺんからするすると剥けるように降りてきたのです。

瞑想を終えてみると、目前が明るくひろがり、頭のなかは霧が晴れたかのようにすっきりとしていました。

そして、苦しめられていた心のモヤモヤが解き放たれ、大空を飛ぶ鳥のような解放感が訪れたのでした。

まさしく癒しが起きたのです。

この出来事に対して、とくに違和感や不安感をおぼえることはありませんでした。ただたんに、瞑想によってもたらされた感覚にちがいないと思っていたのです。

このころから、心奥深くが探し求めているものを予感しはじめていたのです。

それがどのようにあらわれるのか、まったく想像だにできませんでしたけれど、幼子がつよく親を慕うかのように、心深くは宇宙を希求しているのです。

魂は、いつでも愛を求めています。

魂は、宇宙の抱擁を望んでいます。
宇宙は、魂の故郷にほかなりません。

第四章

成長

健全な心を保つには、真理が必要

私たちの周りは、ありとあらゆる情報で溢れています。新聞、雑誌、テレビ、ラジオ、映画、音楽などなど、情報が途絶えることはありません。たとえ新聞やテレビを断ったとしても、家から一歩外に出ると、否が応でも情報に晒されます。私たちから情報を切り離すことはできないのです。

というよりもむしろ、私たちの一部分は、情報によって形成されているといっても過言ではないのです。

たとえば、テレビで悲惨なニュースや暴力的な映像を目にした場合など、直接自分と関わりがなくても、哀しみや憤りをおぼえます。しかもその感情はその場で消えることはなく、後々までひきずり、幾日ものあいだ憂鬱な気分になります。

哀しげなメロディーや歌詞を耳にしたときなども、ふと過去の出来事が記憶とともに蘇ることもあります。しかもそのとき抱いていた哀しみの感情が呼び起こされ、胸のあたりが締めつけられるように感じることもあります。

そのように、音楽や歌詞、あるいは新聞や雑誌など、見聞きするすべてのものから確実に私たちは影響を受けているのです。

あるいは、映画やテレビドラマなどを観て、知らず知らずのうち、自分とそれらとを比較したり、合わせようとさえします。しかしそうしたことからも、不安や葛藤などが生じたりするのです。

というのは、それらはただの作りものであり、現実からかけ離れた幻想にすぎないのです。

心はつねに真実を求めています。

意識的になることによって、否定的感情を生じさせる情報に気づき、それらを撥ねつけることができるのです。そして反対に、安らぎを感じたり、勇気づけられたり、ワクワクとエネルギーの高まりが得られる情報を、選択することができるのです。

イキイキとした健康的な心を保持するうえで必要とするものは、時代とともに移り変わる情報ではなく、未来永劫変わらない普遍的な真理なのです。

思考をとらえる

私たちは、朝目が覚めたときから夜眠りにつくまで、つねに思考しています。

思考と感情はひとつですから、ふだんの思考によって、顔の表情や醸し出す雰囲気などがつくられていきます。

思考は、瞬く間に夢心地の世界へといざなう反面、容赦なく哀しみや絶望の淵へと自分自身を追い込みます。だから、思考をコントロールしたいところですが、大概みずからの思考に注意を払いません。

というよりも、無意識でいると、みずからの思考には気づかないのです。しかしたとえ気づかなくても、必ず、なにかしらの思考をしています。

ふだん肯定的で楽しい思考をしている人はきわめて稀です。そのほとんどが、否定的なこと、もしくは金銭にまつわることで頭のなかは支配されています。

実のところ、私自身も、たった今なにを考えていたのかと、思考に注意を払うと、無意識のときはたいてい対人関係で生じた問題やお金のことを考えていました。

意識的になることによって、はじめて、自分が否定的思考にとらわれているという事実に気づいたのです。

それればかりではなく、まるでテープを回しているかのように、何度も何度も同じ思考を繰り返していたのです。

それからというもの、つねに思考に注意を払い、否定的思考に気づくやいなや、過ぎ去ったことをうじうじ考えるのはやめ、明るく前向きな思考に軌道修正をしています。

否定的思考をあらかじめ避けるためには、一つひとつのことがらに真剣に取り組み、否定的思考が思い浮かぶ隙を塞ぐのです。

それに否定的思考は、次から次へと否定的思考を引き寄せてしまいます。しかも否定的思考ほど堂々巡りに陥りやすいのです。

そうなってしまうと、そこで最善の解決策を見出すことは、きわめて困難です。

なぜなら、左脳がつかさどる記憶の範囲内の思考ですから、そこにはすでに見聞きした情報しか存在せず、過去の思考パターンが繰り返されます。

解決策は、自己成長、あるいは右脳がつかさどる創造的思考や直感などによってもたらされるのです。

あるいは、思考の堂々巡りに気づいたなら、いったん思考を手放すのです。思考を手放すことは容易ではありませんが、ここで瞑想の成果を発揮するのです。瞑想で養った集中力によって意識を、「いま、ここ」に連れ戻すのです。

「いま、ここ」に否定的思考が生じる余地はないのです。

それからさらに、否定的思考の堂々巡りに気づいたならば、難しいかもしれませんが、その場で笑みを浮かべるのです。不思議なことに、微笑むとたちどころに、否定的思考が解き放たれるのです。

微笑は、なににもまさる癒しのエネルギーなのです。

思考は言葉と同じようにエネルギーをはらんでいます。

誰しも、行動を起こす前にあらかじめ思考をしています。けっして行動が思考より先行することはありえません。したがって現実はみずからの思考の積み重ねであることは否定できないのです。

もしも現実が満足できない結果であるならば、それは誰のせいでもなく、みずからの思考に、否定的な現実をつくりだす要素がふくまれているのです。

誰しも、同時に二つのことを考えることはできません。

たとえば不安や心配事、あるいは取り越し苦労などの否定的思考をしているさなか、そのいっぽうで、明るく、楽しいことを考えることはけっしてできません。

明るく楽しい現実を望むのであれば、みずからの思考をとらえ、前向きな思考にコントロールする必要があります。

繰り返しますが、無意識でいると、みずからの思考には気づきません。

だからなによりもまず、自分の内側に注意を払い、みずからの思考の末尾をとらえるのです。ここが重要なポイントです。

そうして否定的思考をとらえたなら、そこでいったん立ち止まり、この思考はどのように生まれたのかと、思考経路をたどり、その出所をつきとめるのです。

そしてそれがはたして真実であるかどうか、いまいちど見直してみるのです。

すると、それは過去の経験から生まれたものであったり、ただの先入観であったり、なにげなく耳にした他者の無責任なひと言であったりするのです。

みずからの否定的思考に気づくことによって、次第に、内側が刷新されていくのです。

悩みや困難は、成長に必要なハードル

私たちは誰もがみな、幸福な人生を願ってやみません。

よりよく生きるために、学校に行ったり、スキルを磨いたり、日々努力を重ねています。でも、人生には必ず、思いがけない出来事が起こります。困難に直面したり、岐路に立たされたり、道に迷ったり、いずれも避けて通ることはできません。これまで学んできたことでは乗り越えられないことが、人生の至るところに待ち受けているのです。

たとえ誰かに相談しても、その他者のなかに自分が必要とする答えはありません。人の顔や指紋が異なるように、育った環境や価値観なども異なり、みな思い込みや決めつけなどで色づけされているからです。

周囲の情報は参考になりますが、決定をくだすのはあくまでも自分自身なのです。

だからこそ、学習をし、知恵と心構えを身につけるのです。そのとき読書が大きな役割を果たします。

本を通して、先達者の考え方や生き方から、知恵を得ることができます。

自分がすでに知っていることを、再確認することもできます。


浄化が進むと、そのときどき必要とする情報は、身体が教えてくれます。心の焦点に合っていたり、心地良く感じたり、たちどころに元気になったりします。

あらかじめ学習することによって、大小さまざまな形で訪れる困難を、成長に必要なハードルとしてとらえ、次々と越えることができるのです。


多くの人が、年齢を重ねるに従い、おのずと成長するものと思われがちです。

しかしそれは誤解です。成長とは、たんに大人になることではありません。

社会的な成功をおさめることでも、物質的に豊かになることでもありません。仕事をしてお金を稼ぐと、なんとなく成長しているような気分になりますが、それは状況のひとつにすぎません。

もちろん調子よく立ちまわることでも、世間に慣れることでもありません。

成長とは、成熟していくことであり、心と意識を拡げていくことです。

誰しも、多かれ少なかれ悩みを抱えています。悩むということは、現状をよくしたいという気持ちのあらわれですから、前向きに生きている証です。解決方法がわからないからこそ悩み苦しむのです。

そこで知恵を得たならば、これまで悩み苦しんでいたことが、あたかも幻であるかのように霧散します。それが成長です。

私たちは誰もが、霊的存在です。したがって、みずからの精神を高めるならば、確実に、充実感が得られます。

読書は、その充実感を得る最短方法であり、それはそのまま魂の栄養源にほかなりません。

魂との出会い（癒し）

瞑想をはじめて半年たった頃、この日、私は朝から哀しみにうちひしがれていました。いまにも張り裂けそうな心に、ふと声をかけてみたのでした。

「どうしたの」

すると心のなかで、何かが動きはじめたのです。微細な感覚ではありますが、あたかも幼子が隠れ潜んでいるかのような、おそるおそるとしたぎこちない様子が伝わってきたのです。

すぐさま、幼子に語りかけるように声をかけてみました。

「大丈夫よ。安心して」

にわかにほっとした気配が伝わり、それと同時に、心の痛みがやわらいだのでした。

この日を境に、毎日、毎日、心に声をかけ続けました。

「心配しないで、もう大丈夫よ、安心して」

しばらくすると、私のなかで、その幼子が喜びをあらわしはじめたのです。

その感覚がひしひしと伝わり、かえって、私自身が喜びをもたらされていたのです。

その幼子は、日に日に大きく成長していきました。

そして、ある日突然、私のなかいっぱいにひろがり、まさしくこの瞬間、これまで苦しめられていた、心の空洞感が埋めつくされたのでした。

私たちのなかには、まだ子どものままの小さな魂が存在しています。

いつのころからか、自分自身と魂とのあいだに距離が置かれてしまったのです。

おそらく、周りの大人たちの矛盾に気づいたとき、心ないひと言や態度などを見せつけられたとき、あるいは、深い哀しみに見舞われたときなど、子どもだから、いえ、子どもだからこそ戸惑い、どうしていいのかわからず、その場でかたまってしまったのです。

そうして、次第に魂との絆が薄れ、真実から遠ざかってしまったのです。

でも、魂は、一日たりとも、一瞬たりとも、自分の分身を忘れてはいないのです。ただひたすらに、今か今かと、自分の分身に気づかれることを待ち望んでいるのです。

どうか、辛いときや哀しいときなど、内側に声をかけてみてください。心に細心の注意を払い、耳を澄ませば、きっと魂が発しているサインに気づくはずです。

魂に愛を注ぎはじめたその時点から、真の成長がはじまるのです。

魂の成長と、自分自身の成長とを切り離すことはできません。

魂とともに成長することによって、これまでの自分を凌駕するのです。

成長するとカルマがはずれる

かつて私は、結婚すればごく自然と愛が育まれ、暖かな家庭を築くことができると思っていました。でも意に反し、結婚生活は諍いが絶えず、別居をするようになりました。

気づいてみると、いつのまにか、慢性的な怒りや不満、あるいは葛藤などで心は混乱し、苦悩する日々を送っていました。

ここへきて、ようやく、その苦悩の核心に触れることができたのです。経済的不安や自立への恐れから、私は金縛り状態になり、そうした宙ぶらりんの状況から一歩も踏み出せない自分が、嫌で嫌でたまらなかったのです。

けれど、この現実は誰のせいでもなく、自分が選択した結果にちがいありません。みずからの責任から逃れていたがゆえに自尊心を失い、みずからを欺くことによって、自分自身が信頼できなかったのです。苦悩の核心は自己否定だったのです。

私は自分の無責任さに気づき、あらためて配偶者との関係を修復しようと決めたのでした。ところが、ほどなく、なんの前触れもなく突然、離婚に反対していたはずの配偶者から離婚届が送付されたのでした。

意外な展開に呆然としつつも、このとき、私は大きなエネルギーの渦中にあることを実感したのでした。

自己責任に気づき、その責任を負うことを決意したことによって、たちどころに、カルマがはずれたのです。

カルマとは、過去生で解決されなかった問題が、マイナス要因となって現世に持ち越された精神的負債のことです。

私たちがこの世に誕生したその目的は、カルマを一つひとつはずし、心を自由にしていくことです。そして本来の自分、もしくは魂とひとつになっていくことにほかなりません。

カルマは過去生から持ち越されたものばかりではなく、現世でも、行動や言動あるいは思考などによってもつくられます。

カルマをはずすには、成長が求められます。成長すると、すみやかに宇宙の法則がはたらき、それぞれが成長にかなったところへと導かれるのです。

自己責任に気づくことは、ひとつ悟ったということです。

そのとき同時に、否定的感情が解き放たれています。

宇宙は秩序と調和でなりたっています。私たちの心は小宇宙です。

みずからの心に秩序と調和をもたらすことが、まさしく、宇宙と同調することにほかならないのです。

他者はみずからの鏡

人間関係は、異性間、同性間のいずれも魂のレベルでつながっています。魂のレベルとは、気づきの深さではないかと私は思っています。

また類は友を呼ぶといわれているように、魂のレベルがかけ離れているなら、関係性を築くことはきわめて困難です。

私たちにはそれぞれ周波数があり、その周波数が人と人とを引き合わせ、その関係性を通して、お互いが学習をしてきます。

したがって対人関係を通して、問題が生じ苦悩することはごく当たり前のことなのです。むしろ苦しんだり悩んだりするそのあたりに、成長の鍵が秘められているのです。

ですからそのあたりを見つめてみると、必ず何かしらの執着が隠れ潜んでいるはずです。大概、問題に直面すると、自分の非を認めようとせず、一方的に相手を責めてしまいがちですが、片方だけの非はあり得ません。

なぜなら、人は互いに反応しあい、影響し合っているからです。たとえ隠しているつもりでいても、言葉の端々や、ふとした顔の表情や仕草などに、そのとき抱いている思いや感情があらわれているのです。

多少なりとも感受性を持ち合わせているのであれば、誰もが相手の真意には気づくものです。

みずからの責任に気づくこと、それが成長への第一歩です。

ときおり周りから、パートナーや関係性についての悩みを聞く機会があります。

正直なところ、別れたほうが、お互いのためになるのではないかと思うこともありますが、「子供がいるから」「必要とされているから」と言い訳をし、その多くが現状に留まっています。

「もし自分に経済力が備わっていたらどうするか」と質問をしてみると、「別れたい」、なかには躊躇なく、「別れる」と答える人もいました。

相手を生きるための手段としているようではありますが、じつは根底に恐れが潜んでいるのです。自立や孤独に対する恐れ、または変化にともなうリスクを恐れているのです。

かつて私は、配偶者によって、経済的、精神的な安定がもたらされると思っていました。

でも、それが錯覚であることに気づいたのです。

たとえ経済的安定を得たとしても、それがそのまま精神的安定にはつながらないのです。かえって依存することによって、苦痛が増大してしまうのです。

というのは、自分の安定や幸せを他者にゆだねるわけですから、そこで対等の関係性を築こうとしても無理なのです。

むしろ、相手の言動や行動が直接みずからの幸不幸を左右するわけですから、自分自身のことよりも、相手のなすことすべてが気にかかるのです。

だからなにかと心は揺れ不安にもなり、必然的に自分を欺くので葛藤は避けられません。

精神的安定に、自立は不可欠なのです。

「お互いの不足を補い合う関係」ということをよく聞きます。

自分の欠乏を相手に補ってもらうわけですが、ということは、欠乏が満たされた時点でその関係性に変化が起こりえるし、より満たすモノがあらわれたならば存在価値が危ぶまれても仕方がありません。

お互いの不足を補う関係というのは、どこか依存と打算が入り混じっているような気がしてならないのです。

それに、自分の欠乏を認めているわけですから、恒常的に、欠乏感と不安感とを抱いているはずです。それらを抱きながら、健全な関係性を築くことはきわめて難しいのです。私たちにとって、もっとも大切なことは、ありのままの自分を受け入れることです。ありのままの自分を受け入れることができて、はじめて他者をまるごと受け入れることができるのです。

パートナーに対して、「そのうちよくなる」「いずれきっと変わる」ということをよく聞きます。しかし未来は幻想にすぎません。

なぜなら、変化は自然に起こらないのです。現在を変えず、未来が変わることはあり得ません。

たとえ多くの時間やエネルギーを費やしたとしても、誰も、他者を変えることはできません。みずからが変わろうと決意することによってのみ、変化は起こるのです。

他者に変わってほしいと望むなら、まず自分が変わることです。

だからといって、他者のいいなりになるわけではありません。

自分が抱えている否定的な感情をひとつ解き放つのです。
そうすると、その部分に肯定的なエネルギーが流れ、ごく自然と変化が起こるのです。

この世に存在するありとあらゆるものすべて、永遠にその形を留めるものはありません。自然が刻一刻と変化しているように、自然の一部である私たちも変わり続けています。状況が一定に留まることもあり得ません。

変化を恐れ、無理やり抵抗するなら、当然ながら歪みが生じ、成長も阻まれます。たとえ関係性が変わったとしても、人生に幕が下ろされるわけではありません。ステージが変われば、人生に新たな登場人物があらわれます。別れは出会いの始まりなのです。

ことさらに私たちは、自分のことよりもむしろ、他人の長所や短所に敏感に気づきます。長所を目にして、快く思いときには尊敬し、短所を目にして、不快感や憤りをおぼえます。でも、その長所短所いずれも、他者を通して自分の内側を見ているのです。自分のなかにあるもの以外は、目に映らないのです。

だから、他人の長所に気づいたら素直に喜び、自分にも備わっている、その長所を伸ばすことができます。

もし他人の短所に気づいたならば、成長のチャンスとしてとらえ、自分を見つめるのです。自分を見つめることによってのみ、自分のネガティブな一面に気づくのです。

そうして、一つひとつ気づきを重ねることによって、気づきが深まり、確実に、成長がうながされるのです。

否定的な思いが否定的な出来事をよぶ

批判は左脳領域の自我がつくりだす思考です。ゆえに批判的な人ほど、魂もしくは本来の自分から離れているといえます。

批判したからといって、状況が改善されるわけではありません。むしろ批判していると、憎しみが生じてきます。

批判は、自分自身の未熟さを露呈しているにすぎず、反対に他者のよい面が見えてきたならば、成長がもたらされたと考えられます。

それに、無責任でなければ、他者を批判することはできません。自分を見つめ、自分を正すことが容易でないことを知っているならなおさらです。

つねに自分自身とともにあり、人生を真摯に生きているならば、自分のことで精一杯であり、他者を批判するためのエネルギーはないはずです。

かつて私はきわめて批判的でした。他者の矛盾に気をとられていたのですが、おそらく他者のなかに自分を見ていたのです。

他者はみずからを映す鏡なのです。

しかも不思議なことに、批判するとそのあと必ずといっていいほど、まるで降って湧いたかのように、それと同じような出来事に遭遇してしまうのです。

また他者を批判したあとは後味の悪さが残ります。したがって、批判は心を曇らす要因でもあるのです。

それればかりではなく、批判は否定的エネルギーを放ちますから、その場の空気を汚し、周りに多大な迷惑をかけてしまいます。

今にして思えば、運気を下げ、幸運を遠ざけ、不運だったこともうなずけます。

それから、他者に対して批判的な思いを抱いたとき、否定的な出来事が起こったりします。たとえば食器を洗っているとき、お気に入りの器にひびをいれてしまったり、グラスを割ってしまったり……。私自身これまで、テーブルの角に足をぶつけて痣《あざ》をつくってしまったり、つまずいたり、ときには車をぶつけてしまったこともあります。

否定的な出来事が身に起きてふと気づかされるのですが、まさしく否定的な思考が否定的な出来事を引き寄せるのです。

批判的なものいいをしがちなときは、内側が分離しています。
調和のあるところに批判はありません。

第五章

霊性への目覚め

神秘体験～呼びかけ

ある夜、私はいつものようにワインを空け、意識が朦朧としたところでベッドにもぐりこみました。

夜半、どこからともなく男性的な囁き声が聴こえてきたのです。

「もういいね」

この声は幾度か聴きおぼえがありました。しかし、その都度、きっぱり拒絶していたのです。漠としながらも、遠く知らない世界、未知の領域に連れて行かれるような気がして恐れを抱いたのです。

けれど、このときはとっさに、なんら失うものはないことを悟り、素直に頷き、そのまま深い眠りについたのです。じつは抗うエネルギーも尽きていたのです。

その朝、かつて味わったことのない爽快感とともに目が覚めました。

ベッドから起き出てリビングのドアを開けると、窓辺の観葉植物はえもいわれぬやわらかな光を放ち、バルコニーに視線を移すと、木々や草花などがみなイキイキと溢れるほどに輝いていたのです。

戸外に出てみると、すでに見慣れているはずのすべての光景が、キラキラと輝いていました。

まさしく世界は美しく、そこかしこ光溢れているのです。

数日後、微細な感覚ではありますが、私の中心に何かがすとんと降りてきました。**この瞬間、神を身近に感じたのでした。同時に、宇宙との繋がりがもたらされたのです。**

私は思わず、「これなら生きていける」と、呟いていました。一瞬にして、至福感につつまれたのです。

それからしばらくの間、エネルギーが身体中を駆け巡り、あたかも生まれ変わったかのように、ういういしい気分が湧きあがり、目にする対象すべてから、新鮮な驚きと喜びがもたらされていました。

いっぽう、内側では、革命が起きていました。まるで内面世界を統治するかのように、私をはるかに超える存在がどこからともなく現れ、采配を振っているのです。

けれども葛藤が生じることはありませんでした。その存在があまりにも威厳に満ちていたのです。

その影響は、日常生活に著しくあらわれていました。

それまで楽しんでいた友人たちとのお喋りが、突如として、色褪せたものになってしまったのです。というより、心は、世間話の類にはまったく関心を示さないのです。

おそらく、右脳が働きはじめたことによって、左脳領域のエゴが陰を潜めたのでしょう。

実際、思考形式が頭から心に移行し、話が心に伝わるまで時間差が生じていました。

したがって話題にもついていけず、とっさの受け答えもできず、いつのまにか、みなの会話が私の前を行き交うようになっていたのです。

ただし、孤立感をおぼえることは微塵もありませんでした。つねに心は満たされていて、ゆるぎない幸福感につつまれていたのです。

ちなみに、みなの会話に耳を傾けるうちに、それぞれの混乱の度合いやその要因に気づくようになりました。

その要因のほとんどが、不安や恐れ、羨望、妬み、執着、思い込み、決めつけなどであり、しかもそれらに魂が縛られ、もがき苦しんでいる様子までもが、感じとれるようになりました。

そして、私自身が抱いていた疑問や、釈然としなかったことがらなども、おのずと理解できるようになりました。

また、これまで問題としなかったことがらが、問題として浮上してきたのでした。そうしたことから、自分自身の成長を確認したのでした。

誰もが、心奥深くからつねに呼びかけられています。日々の生活に追われ、忙しい毎日を過ごしていると、内なる囁きには気づきません。内側に細心の注意を払い、耳を澄ますことによって、その声に気づくのです。だからといって、人里離れた山奥にこもる必要はありません。瞑想があります。瞑想は、すみやかに、静寂の場へといざなうのです。

私たちの多くは、潜在的にみずからの純粋性に気づいています。しかしながら、あえてそこに目を向けようとはせず、むしろ逃れようとしています。恐れがそうさせるのです。その恐れとは、無知と誤解によって生じています。

霊性に目覚めることにより、世俗的な楽しみや物質的なものすべてを失うのではないかと考えてしまうのです。

無知と誤解は、本来の自分、あるいは魂を遠ざけるばかりではなく、成長と進化の機会をも奪ってしまうのです。

実のところ、私自身も、同様の恐れを抱いていました。物質的な制限を強いられ、世俗的な楽しみが奪われてしまうのではないか、もしくは、剃髪して仏門に入るようなことになるのではないかと。

だから、はじめは恐れても仕方がないのかもしれません。時を経て、恐れることは何もないと悟るはずです。

実際のところ、私自身、霊性に目覚めることによって、子どもの頃に憧れていた仕事と、有意義かつ充足した日々を与えられました。

さらに自分が手に負えないほどに、変化するのではないかとの恐れもあります。

私のなかにもそうした恐れがありました。自分自身を過小評価しているのですが、これこそが自己否定にほかならないのです。

確かに変化は起こります。ただし、一夜にして変わるのではありません。もちろん自分の手に負えないということもありません。

変化には必ず成長がともないますから、自然の流れに沿ったゆるやかな変化といえます。

しかも、内なる声を受け入れたその瞬間から、目に見えないエネルギーに導かれ、ゆるぎない安心感と安定がもたらされるのです。

どうか、内なる囁きに気づいたならば、けっして恐れず、無視せず、勇気を持って受け入れてください。

ひとたび変化が起こると、変化に対する恐れは解き放たれます。むしろ期待感を抱きつつ、変化を待ち望むようにさえなります。

なぜなら、変化の向こう側には、素晴らしい現実が待ち受けているのです。

霊性への目覚め

内側が調和するに従い、まず人間関係に変化が起こりました。

これまでギクシャクしながら関わっていた人たちが遠のき、代わって新しい情報を持った人たちが、ぽつりぽつりと私の前に現れはじめたのです。

そのころ、内側で起きている微妙な変化に、少なからず戸惑いがありました。

自分がどこへ向かっているのか、その方向性が把握できず、ときには不安になり、心細くもありました。

そんななか、これまでさほど会話を交わすこともなかった知人から、一冊の本が手渡されたのです。

そこには、私たち一人ひとりのなかに神仏が存在し、いま多くの人がその真実に目覚めはじめている、という内容が記されていたのです。

それによって、私は自分の内側で起きていることを理解し、正しい方向に進んでいることを確信したのでした。また、多くの人びとと世界観を共有していることを認識し、あらためて勇気づけられたのでした。

これを機に、精神世界に関する本との出合いがはじまり、来る日も来る日も、私は夢中になって読み続けていました。

それにより、予期せぬ驚きと喜びとがもたらされ、同時に、あたかも霊水が注がれているかのように、枯渇していた私の内の隅々に真理が浸透し、日々癒されていたのでした。

読書のさなか、ひとつ真理を理解するごとに、「カチッ!」と私のなかで何かが弾けていました。そしてその都度、心の壁が一つひとつ外されているかのように、心地よい感覚につつまれていたのでした。

ここへきて、ようやく、私は長いあいだ探し求めていたものに出合えたのです。

それは、まぎれもない真実だったのです。

真実が苦しみを解き放ち、真実こそが自由をもたらすのです。

他者を赦すことは、みずからを赦すこと

　ある夜のこと、読書中、ふと顔をあげたその瞬間、過去に関わった人たちが次々と脳裏に浮かんできたのです。なかにはわだかまりを残したまま、それ以来会っていない人もいました。

　そのあとすぐ、過去の情景とともに、私自身の行動が浮かんできたのです。それによりあらためて、自分自身の未熟さに気づかされたのでした。

　これまで傷つけられたと思っていた場面がいくつかありました。ところが、たんに一方的に傷つけられたのではなく、むしろ、じつは私のほうに落ち度があったのです。

　かつて私は、交際相手になにかと不満を抱いていました。

　このとき一瞬にして、その不満の要因に気づかされたのです。

　自分自身が抱えている根源的な欠乏感や寂しさなどを、他者に満たしてもらおうとしていたのです。満たされない自分の心を、他者が満たすものと思っていたのです。それがままならず何かと不満をぶつけていたのです。

その事実を目の当たりにし、私はいっさいためらうことなく素直に、関わりをもった一人ひとりに謝り、感謝しました。

その瞬間、たとえようのない安らぎにつつまれたのでした。まさしく癒しが起きたのです。

私たちはみな、知らず知らずのうちに、まちがいをおかしながら生きています。まちがいというのは「行い」だけではなく、他者に対する「思い」もふくまれています。

それに、一方的に相手だけが悪いということはなく、そこには必ず自分の非もあります。

他者を赦すということは、まちがいをおかしている自分をも赦しているのです。

他者と自分とを赦すならば、おのずと癒しが起こるのです。

相手に対する思いや感情などは、善し悪しに関係なく、ブーメランのように自分に返ってくるのです。

たとえば、無条件に他者の幸せを願うならば、このとき必ず、心のなかに心地よさがひろがります。つまり幸せがもたらされているのです。まさしく与えれば与えられるのです。

反対に、怒りや恨みや嫉妬などを抱いているなら、たとえその場にいなくても、その相手の顔が思い浮かぶだけで、むしゃくしゃしたり、いらいらしたり、なんとも表現しがたい不快感がひろがります。これこそがまさに、自分で自分自身を傷つけているのです。

他者から幸せを与えられることはあっても、けっして傷つけられることはないのです。自分のものの見方、あるいは解釈のしかたが、傷つけられた、という錯覚をつくりだしているにすぎないのです。

錯覚によって、自分で自分自身を傷つけ、みずからのエネルギーを停滞させることなどあってはならないのです。

だから、過去から現在に至るまでを振り返り、今後会う機会がない人、あるいは亡き人もふくめ、その一人ひとりとの関係性を見直し、和解するのです。

心のわだかまりを氷解することによって、感情エネルギーがスムーズに流れだし、イキイキとした健康的な心が呼び戻されるのです。

調和には和解は不可欠です。

高次元からのメッセージ1

幾日ものあいだ、懐かしさとともに理由のない涙が頬をつたっていました。

これといって、とくに哀しい記憶があるわけでもないのに、ただぼんやりと、幼い頃の情景が脳裏に浮かんでくるのです。
そんなある日の午後、読書していると、ふとどこからともなく声が聴こえてきたのです。

「敬子、敬子」

はじめ空耳ではないかと思いましたけれど、再び聴こえてきたのです。

「正しく生きなさい」

「まっすぐ生きなさい」

この言葉を耳にした瞬間、亡き父であることを確信したのです。それは父の口癖だったのです。ちなみに私の本名は敬順ですが、幼い頃からみなに敬子と呼ばれていました。
同時に眼前に、あたかも映画のワンシーンであるかのように鮮明に、父の膝に座り髪を梳いてもらう幼い私が映し出されたのです。
たしかあの朝、朝焼けが窓いっぱいにひろがり、子どもながらにも私は、その朱赤に染まった空に魅せられていたのです。

父はいつもながらに、たとえ話を教え諭すように、やさしく話していました。ゆったりと響くその声は、子守唄のように心地よく、私は幼い頃、片時も父の傍を離れようとはしませんでした。

懐かしさにつつまれつつ、私は子どものように声をあげて泣いていました。

それがいつのころからか、父に見放されているような、なんとも言い表せない寂しい思いが、私のなかに芽生えはじめていたのです。それがわだかまりとなり、父が他界したあとも薄れることはありませんでした。


父は日韓併合時代、韓国で生まれ育ちました。当時村に学校はなく、寺小屋で儒教を学んでいたそうです。ゆえに道徳を重んじ、自他共に厳しい人でした。

口調は穏やかでも気性は激しく、とかく周りはその顔色を伺っていました。

小学生の頃、姉と弟と寝ころがったり、脚を投げ出したり、それぞれ気ままな姿勢でテレビを観ているとき、どこからともなく父の咳払いが聞えてくると、私たちはとっさに姿勢をただし、神妙な面持ちでテレビの前に正座していました。

父は三度の食事をひとり膳でしていたので、滅多に食事を共にすることはありませんでした。たまにみなで食卓を囲んだときなど、お喋りや音を立てることはご法度ですから、私は緊張しながら黙々と食事をしていました。

もっとも、中学生になると、当たり前と思っていたことに違和感をおぼえはじめ、ごく自然と父を避けるようになりました。

勉強が楽しいと思ったことはただの一度もありません。

高校一年の二学期、私は校則違反のカドで停学処分にされました。

それを機に、父は拍車をかけたかのように厳しく、私のやることなすことすべてに監視の目をひからせるようになりました。

それが恐ろしくもあり、うっとうしくもあり、私は我慢ができずとうとう家を飛び出してしまったのです。

しばらくして父の逆鱗に触れることを覚悟して家に戻ると、学校は退学になっていました。父にさらなる学校に連れて行かれたのですが、卒業する自信もなかったのでどうしても学校に行く気にはなれず、父と学校から逃れるように、私は再び家を出てしまったのです。

制服を脱ぎ捨て、このときとばかり、好奇心のおもむくまま、渋谷、原宿、銀座に繰り出し、ときにはディスコで夜を明かし、毎日がドキドキ・ハラハラの連続でした。

そんななか、出会いがあり、笑いがあり、涙があり、憧れがあり、恋があり、裏切りがあり、暴力があり、死がありました。

さまざまな経験を通して、ありとあらゆる感情が錯綜しつつ、私のなかを通り過ぎていきました。この頃から、不安感と空虚感をおぼえはじめたのです。

数ヶ月後、家に戻ると、父はひと言も発することなく、私の顔を見ようともしませんでした。ただし、肩を落としたその姿に、ありありと落胆と憔悴の色が浮かんでいました。

それ以来、父に叱られた記憶はありません。おそらく私の再度の家出を恐れていたのでしょう。でもこの頃から、私のなかに寂しさが芽生えはじめたのでした。

その後も、ことごとく父の期待を裏切り続けていました。そしてその都度、父は哀しみを浮かべていて、その姿が私のなかから消えることはありませんでした。

父を哀しませたという事実が、いつまでも私のなかに横たわり、その思いがわだかまりとなっていたのです。

けれども、このとき一瞬にして、そのわだかまりが氷解したのです。まさしく「癒し」が起きたのです。

それからさらに、私はつねに父に見守られているということを実感するようになりました。

父はとても厳しくありましたが、つねに子どもたちの健全を願ってやみませんでした。現世を離れたいまでもその思いは変わらず、ずっとメッセージを送りつづけていたにちがいありません。

にもかかわらず、私の心が否定的感情で塞がれていたために、その声を感受できずにいたのです。

「正しくまっすぐ生きる」

まさしく、この言葉こそが、父の声を通した、高次元のメッセージではないかと私は思っています。

多面的な観方、それはみずからを受け入れること

私は長いあいだ自分を嫌い、自分を好きになることなど、けっしてあり得ないと思っていました。

ときおり周りから、性格的な欠点を指摘されることもありました。するときまって、「遺伝だから」「育てかたが悪いから」と、両親のせいにしていたのです。

しかも欠点だらけの自分を無価値な存在と思い込み、自己嫌悪に陥り、自分で自分自身を見放していたのです。

よくよく考えてみると、この世の中に欠点のない人間など存在するはずないのです。

なぜなら、私たちは学び成長するために、この世に誕生したわけですから、誰にも必ず欠点はあるのです。

というよりもむしろ、**多面的に観るならば、欠点と思われるその部分に、それぞれの長所の種が秘められているのです。**

気が強くて頑固と言われているならば、そこには強い意志が備わっているわけですから、かえって歓迎すべきことではないでしょうか。なにかを成し遂げる場合は必ず、意志の働きを要するのです。

我儘と言われているならば、もちろん他者に迷惑を掛けてはなりませんけれど、そこには自分の考えがあり、その考えを表現する力があります。

個性的な人生とは、自分の思考を表現していくことですから、かえって、たのしいことではないでしょうか。

飽きっぽいからといって、とくに嘆くことではないのです。まだ心底望んでいるものに出合っていないのでしょう。おそらく見極めが早いのです。

それにしてもけっして妥協せず、諦めないということは忍耐強いのです。心底自分が望むもの、あるいは本当にやりたいことを見出すことは、悔いのない人生を送るうえでもっとも大切なことであり、かつ素晴らしいことにちがいないのです。

私自身も、欠点と思われるところは沢山あります。でも、その一つひとつに目を向け、多面的な観方をすることよって、欠点だらけの自分をまるごと受け入れることができました。いえ、かえって、不完全な自分が愛しくさえあるのです。

多面的な観方をする場合、記憶にもとづいた比較や判断などの左脳思考では不可能です。あくまでも、右脳がつかさどる制限のない創造的思考が求められるのです。愛ある創造的思考こそが、癒しをもたらすのです。

それはそのまま他者に対しても当てはまります。これまで向けていた批判的な思いなども、多面的な観方をするならば、ごく自然と色合いが変わってきます。相手の立場に身を置きかえるならば、なおさらのこと、非難が思いやりに変わるはずです。

ものごとに対しても同様です。従来の観方では、答えに行き詰まることが多々あります。しかも答えを見出せないがゆえに、後々、心にもやもやなどの不快感や違和感などを生じさせてしまいます。

ただし、多面的な観方をするならば、前向きで、自己成長につながる答えが見いだせますから、つねに晴れ晴れとした心が保持できるのです。

自分自身をまるごと受け入れるうえでも、心と意識を拡げるうえでも、多面的な観方は必須不可欠なのです。

神秘体験～感謝の念

ある朝、目が覚めると、いつになくすがすがしい気分につつまれていました。

おそらく、前夜読んだ本の影響かと思われます。

読書中に心地よさを感じることがありますが、そのようなときは、たいてい浄化がうながされているのです。読書は魂の栄養源でもありますから、それはそのまま魂の喜びとなります。

その日の午後、私はワクワクしながら車を運転していたのです。そのさなか、なんの前触れもなく突然、お腹の底から感謝の念がふつふつと突きあげてきたのです。

驚嘆しつつも他人事のように、私は思わず、「すごい！」と声を発していました。

瞬く間に歓喜が押しよせ、身体がかろやかになっていました。

とくに感謝の対象を意識していたわけではありませんけれど、日頃感謝を心がけるようにしていました。

しかもその翌日から、その感謝の念が細胞のすみずみに脈々と駆け巡りはじめ、いつでも心地よい感覚がもたらされています。

いつも感謝の姿勢を

私たちには、生まれながらにして感謝の念が備わっています。浄化が進むと、感謝の念が湧きあがることがあります。同時に、喜びの水路が開きます。

感謝と喜びとは密接に関連しあい、そのいずれもエネルギーの源にほかなりません。

たとえば、ありがとうございます、とひとこと感謝の言葉を発するならば、すぐさま心のなかにさわやかな風が吹き込まれます。

どうぞ、今試してみてはいかがでしょう。ありがとうございます、と気持ちを込めて声を発してみるのです。途端に、心がすがすがしくなり、喜びがじわーっとひろがるはずです。感謝は喜びをもたらすのです。

私たちの周りは感謝すべきもので溢れています。空気、水、太陽、大地、自然など、目にするすべてが感謝の対象です。

気持ちが落ち込んでいるときなど、目の前にあるもの一つひとつに感謝するのです。そうすると、たちどころに心が晴れやかになります。

もちろん、ことが順調に運んでいるときも感謝を忘れてはなりません。たとえ不運にみまわれたとしても、病に冒されたとしても、いついかなるときでも、感謝の姿勢でいることが大切なのです。

なぜなら、時が流れ、後々振り返ってみると、不運とみなされたそれらすべてが今につながっていて、成長に必要であったことに気づかされるのです。

私たちにとってもっとも重要なことは、自分自身を受け入れることです。

感謝するということは、少なからずその瞬間は、自分自身および現実を受け入れています。

だから、感謝しすぎるということはなく、感謝すればするほど内側に肯定的なエネルギーが満ち満ちて、おのずと明るく元気に前向きになるのです。

感謝には、否定的エネルギーを肯定的エネルギーへと変換する力があるのです。

「スピリチュアル」について

ここ最近、「スピリチュアル」という言葉をよく見聞きします。

スピリチュアルというと、霊界の存在たちと交信することのように思われがちです。

たしかに霊を視たり、霊と交信する人もいますが、そうしたことは全体のごく一部分にすぎません。

それに、高次元の霊がそう頻繁に顕れるとは思えませんから、おそらく三次元を浮遊している霊を視たり、交信したりしているのでしょう。

当然ながら、エネルギーの変換が起こることもありませんし、もちろん啓発されることもありません。

なかにはおどろおどろしいものを視てしまい、苦しんでいる人もいます。

ちなみに、自分が視るもの、目にするものはすべて、自分自身の反映ですから、なによりもまず、内側を浄化することが大切です。

そもそも、霊性とは、気高い精神のことです。私たちのなかには、もともと気高い精神が内在し、その気高い精神こそが、本来の自分であり、魂にほかなりません。

そしてその魂を通して、宇宙との繋がりがもたらされるのです。

浄化が進むと、おのずと本来備わっている霊性に目覚め、魂とひとつになっていきます。

そうすると、ごく自然と、高次元エネルギーに導かれます。それにものごとがよく見えるようになりますし、また直感的にもなりますから、あえて霊的能力を求める必要はないのです。

それから、「スピリチュアルとは、こだわりを捨てること」といって問題から逃れる向きがあります。それでは無責任、現実逃避と非難されても仕方がありません。

こだわりを捨てるということは、執着を解き放つこと、つまり心を自由にしていくことです。

だから、スピリチュアルに生きるということは、なんら特別なことでなく、シンプルかつ豊かに生きることであり、不安や恐ればかりではなく、さまざまな否定的な感情や思いを解き放ち、心をイキイキさせることにほかならないのです。

シンクロニシティ～再会

シンクロニシティとは、意味のある偶然の一致のことをいいます。

精神界と物質界とをつなぐ橋渡しであり、そのときもっとも必要とするものを、偶然の出来事や出会いを通して与えられるのです。

もちろん、個々人の成長をうながすための宇宙のはからいにほかなりません。

シンクロニシティは、日常レベルで誰もが経験しています。

たとえば、長いあいだ会っていない友人の安否を気にかけているさなか、偶然、その友人から電話がかかってきて、しかもそこで必要とする情報を知り得ることがあります。

アイデアを模索しているとき、友人とレストランに入ったところ、偶然、隣りのテーブルに座っている人の持ち物を見て、閃きが起きることもあります。

こうした出会いや出来事を、ありふれたただの偶然とみなすことも可能です。

でも、そこになにかしらの意味を見いだすならば、目にするすべてが気づきを深める対象となり、その解釈のしかたによって、人生に、彩りと豊かさがもたらされるのです。

ある朝の瞑想中、心にじわっと喜びがひろがりました。こうしたときは必ずといっていいほど、偶然の出来事、シンクロニシティが起きていました。

その夜、最寄りの駅まで友人を送る途中、タイヤの異変に気づいた私は、道路わきに車を停めて、あたりを見渡し公衆電話を探していました。

突如として、目の前に、一年ほど前にスポーツクラブを辞めた、インストラクターのTさんがあらわれたのでした。精神世界という未知の世界をおしえてくださったTさんです。

偶然、車を停めた場所がTさんの勤務先の前だったのです。しかもその日はいつになく遅いランチだったそうです。

驚きのあまり、一瞬言葉を失ってしまいましたが、そんな私をよそに、いちはやく状況を察したTさんは、すぐさまジャケットを脱ぎ、腕まくりをし、その場で手早くタイヤ交換をしてくださったのでした。

この偶然の出会いを機に、私はさらにスピリチュアルな世界に興味を持ったのです。

偶然の出来事はなく、すべてが必然であり、準備が整えば師があらわれるのです。

神秘的体験～高次元の存在たち

ある朝、いつものように読書をして、そのあと瞑想をはじめました。

瞑想をして二～三分すると、突然、

「人を愛しなさい、すべての人を愛しなさい」

と、私の内側から、女性と男性の声が代わる代わる聴こえてきたのです。囁き声というには程遠く、むしろ訴えかけているといったほうが適切な表現です。かりに周りに人がいたならば、聴こえていたのではないかと思えるほど、明瞭かつ響きわたる声だったのです。

驚愕し、鼓動は高鳴り、たちどころにパニックに陥った私はとっさに受話器を手にし、友人にことのしだいを話していました。

そしてその友人から、「浄化が進んでくると、そういうことはよく起こりうることなので、心配にはおよばない」と言われ、その場はなんとか胸を撫でおろすことができました。でもその余韻は後々まで強く残り、緊張した日々を過ごしていたのです。

あり得ないと思いつつも、もしも外出先で心が唐突に、「人を愛しなさい」「すべての人を愛しなさい」などと声を出したらどうしよう、本当に他人には聴こえないのだろうかと、心配でたまりませんでした。

「とんでもない世界に足を踏み入れてしまったのではないか」と、後悔の念が胸中去来していたほどでした。

これを機に、ますます心に注意を払うようになりました。いえ、目が離せなくなってしまったのです。

けれども、この経験を通して、異次元の世界が実在することを知らしめられたのでした。

言葉のエネルギーを活用する

言葉は、言霊といわれているように、思考同様にして、エネルギーをはらんでいます。

実際のところ、誰もが、言葉を交わすことによって、励まされたり、勇気づけられたりします。反対に、他者のなにげないひと言で、気持ちがくじかれ、落ちこむこともあります。それだけに、言葉には力があるのです。だから、言葉は慎重に選ぶ必要があります。

でも大概の方が、当たり前のように、自分自身に向けて否定的な言葉を発しがちです。他人に誉められたときなども、まるで謙遜することが美徳であるかのように思い違いをし、「そんなことない」といって自分自身を否定します。

「～できるはずない」

「やるだけ無駄」

「いまさら遅すぎる」

などと、行動を起こすまえにすでに諦めていて、自分を制限する言葉もよく耳にします。なにげなく言った言葉でも、それは自己否定にちがいないのです。

自己否定の言葉は、一瞬にして、心を塞ぎ、萎縮させ、みずからの可能性の扉を閉ざしてしまいます。

ですから、自分だけでなく、子どもたちはもちろんのこと、他者にそうした言葉を発することなどあってはならないのです。

また自己否定は、本来の自分、あるいは魂に対する信頼の欠如であり、その思いはそのまま宇宙に向けられたも同然です。

私は否定的な言葉いっさいに別れをつげました。そして宣言しました。

「わたしは幸せです！」
「わたしは健康です！」
「わたしは豊かです！」
「わたしはつねに最善を生きています！」
「わたしはあらゆるすべてに感謝しています！」

さらに言葉のエネルギーを上手に活用することができます。

あたかも実現したかのように、願いごとを個条書きにするのです。書き記すことによって潜在意識に刻み、心のなかに夢の種を蒔くのです。

ここで留意しなければならないことがあります。

潜在意識は良し悪しの判断をすることはなく、気持ちや状況の変化などとは関係なく現実化に向かいます。だから願いごとの言葉は慎重に選んでください。

私はノートに個条書きしました。

「わたしは経済的にも精神的にも自立しています」
「わたしは創造的に生きています」

「わたしは人の役に立つ人間です」
「わたしはつねに最高の状態でいます」
「わたしは充足感とともに生きています」
「わたしは進化成長しつづけています」
「わたしはやりたいことをして生きています」
「わたしにはつねに最善がおきています」

数分後、数日後、数ヶ月のち、あるいは忘れた頃、いつの日か必ず、蒔いた種が開花していることでしょう。

第六章

夢の実現

宇宙は決して私たちを見捨てない

私はかつて婦人服や雑貨などを輸入し、おもに友人らが経営するブティックに卸していました。とはいえあくまでも趣味範囲内のことですから、毎月、僅かな収入でやりくりをしていたのでした。

そんななか、バブル景気が崩壊し、数少ない取引先が倒産や閉店に追い込まれ、厳しい経済状態に陥ってしまいました。

家賃の支払いは滞り、精神的に追い詰められた私は、日々不安におののき、毎朝、目が覚めると必ず、今後の行方に思いを巡らせていたのでした。

でも、いっこうに改善策が浮かぶことはなく、むしろ思考の堂々巡りに陥り、心細さのあまり度々涙していました。

ここへきて、私は自分の思考範囲内に、なんら解決策がないことに思い当たったのです。言いかえるなら、みずからの無知を悟ったのです。

そして、順次過去を思い起こしてみたのです。幼い頃に遭遇した事故や災難、あるいは最近の危機的な出来事など。

すると、いずれも偶然に難を逃れたのではなく、そこに目に見えない大きなエネルギーが介在していることに、ハッキリと気づかされたのです。

実際このとき、そのエネルギーにつつまれている感覚がもたらされました。

同時に、生かされていることを実感し、すべてを宇宙にゆだねることを決意したのです。

それから、私のなかに新しい概念がひろがりました。

宇宙は、みずからが創造した我が子同然の私たちを、たとえどのようなことがあっても、見捨てたりはせず、もちろん罰することもありません。

生きとし生けるものすべてが、幸福に生きられるようにもともと創られているのです。

私たちはただ、自分の周波数を変えるだけでいいのです。粗く重い否定的な感情や否定的な思考を解き放ち、みずからの周波数を高めるのです。

そうすれば、ありとあらゆるところに偏在する、高次元エネルギーに触れることができるのです。

その高次元エネルギーは、老若男女誰しも触れることができるのです。

まさしく、人間は平等につくられているのです。

神様、ありがとうございます

ある朝、目が覚めて寝室のカーテンを開けると、初夏の訪れを思わせるかのような眩しい陽が射し込んできました。

途端に海が恋しくなり、私はすぐさま身支度をして鎌倉海岸へと車をとばしました。

潮騒と爽やかな風に身をまかせつつ海岸線をドライブし、江ノ島、七里ガ浜、稲村ヶ崎を通り、静けさが漂う逗子海岸にさしかかったときのことでした。

雲ひとつない抜けるような青空と、煌《きら》めく水面が視界にはいったその瞬間、息をのむほどに美しい景色がすっと心に溶けこみ、私とひとつになっていたのです。

瞬く間に、お腹の底から歓喜が湧きあがり、私は思わず、大空に向かって叫んでいました。

「神様、ありがとうございます」

歓喜につつまれ、いつになく軽やかになり、まるで宙を舞っているかのようでした。

一瞬にして、自然のエネルギーに癒されたのです。

自然には癒しの力があるのです。

高次元からのメッセージ2

ある日、瞑想をはじめる前に、宇宙に気がかりなことを問いかけてみました。

まず八十四歳を迎える母のことを尋ねてみました。父が逝ったあと、母はひとり韓国で暮らしていました。最近は体調を崩し、床に伏しているということでした。

瞑想をし、緊張が解けて十分リラックスしたところで、どこからともなくやわらかな囁き声が聴こえてきたのです。

「大丈夫です。安心しなさい」

しばらくすると、母は快復の兆しをみせ、周りが目を瞠《みは》るほど元気を取りもどしていたのです。

つぎは私自身の、仕事の方向性について尋ねてみました。

やはりリラックスして心地よい状態になったところで、先ほどと同じ声が聴こえてきました。

「服をつくりなさい」

「自分が着られる服をつくりなさい」

瞑想を終えたあと、「わたしが服をつくるの？　まさか！」と、唖然としてしまいました。なぜなら、私はデザイナーとしての知識はまったくありませんし、まして針仕事さえ満足にしたことがないからです。そのあまりにも突飛な言葉を、はじめは受け止めることができませんでした。

でも、ふと子どもの頃の情景が蘇り、たとえようのない喜びが湧いてきたのです。

小学生の頃、私は夢中になって、編み物をしたり、着せ替え人形の服を作ったり、またデザイン画を描いては少女雑誌に投稿したりしていたのです。そして大人になったら、ファッションデザイナーになるか、いつもステキな服に囲まれているブティックに勤めたいと夢見ていたのです。

たとえそれが子どもの頃とはいえ、私は夢を描き、夢中になってやりたいことをしていたのです。

いっぽう、大人になった私は、夢を見ることもなく、夢の存在さえ忘れ、理由《わけ》のわからない不満を抱き、日々の暮らしに流されているのです。

けれども、いま時空を超え、子どもの頃に抱いていた喜びが再び私のなかに舞い降りてきたのです。

記憶の断片をつなぎあわせるかのように、当時の情景を思いだしつつ、私は自分が着たい服を頭のスクリーンに思い浮かべ、それをノートに描いてみたのです。

すべての人に創造性は秘められている

創造性というと、多くの人が、モーツァルトやアインシュタインのような偉大な芸術家や科学者を思い浮かべ、自分にはまったくゆかりのないものと考えるのではないでしょうか。

でもよく考えてみると、私たちは子どもの頃、誰に強制されるでもなく、みな夢を描き、自発的に創造性を発揮しながら遊んでいたのです。

それが成長のプロセスのなか、「ああでなければいけない」「こうあるべき」という窮屈な制約のなかに、半ば強制的にはめこまれ、心無いひと言などによって、次第に心を閉ざし萎縮してしまったのです。そして個性ばかりではなく、生まれながらにして備わっている、創造性や可能性の扉までもが閉ざされてしまっているのです。

しかし、人間本来備わっている創造性や可能性などが、いとも簡単に消滅してしまうとは到底考えられません。

大概、創造性というと、偉大な芸術家や科学者たちを思い浮かべ、知らず知らずそれらと自分自身とを比較し、その時点ですべてを諦めて夢を見ようともしません。

比較は愚かしくもあり、自滅的でもあります。

比較は多くの否定的感情を惹き起こす要因にほかならないのです。

たとえば、他者と自分との能力を比較するとします。もちろん比較材料は能力にかぎらずほかにもたくさんあります。職業、学歴、経済状態、家柄、住まい、容姿、価値観などなど、数え切れないほどあります。

かりに自分のほうが優れていると思ったならば、必ず優越感が生じます。その優越感は他者とのあいだに隔たりをつくるばかりではなく、高慢にもつながります。

反対に、他者より劣っていると思ったならば、不安にもなりますし、必ず自己否定が生じてしまいます。

比較はさらに、羨望や競争、恨み、嫉妬、憎悪、怒りといった、さまざまな否定的感情を惹き起こす要因でもあります。

争いの多くが、比較から生じているといっても過言ではありません。

また、偉大な芸術家や科学者たちと比較するということは、「成功か、失敗か」という、極端な考え方に陥りやすく、ますます可能性を遠ざけてしまうのです。

人の数だけ需要があります。それぞれ価値観や好みも異なりますから、なんであれ多種多様幅広く求められています。

だから、あれこれと余計なことを考えず、やりたいことがあるのなら、すぐやってみることです。

人生は成功と失敗にわけられるような、そんな薄っぺらなものではありません。

人生は、どこまでも広く大きく暖かく、いつも私たちを抱擁している愛そのものなのです。

それに、もともと失敗など存在しません。失敗という幻を恐れてはならないのです。もしもかりに失敗したと思ったならば、諦めずさらに続けるのです。そうすると必ず、新たな発見があり、新たな道が拓けるのです。

むしろ失敗したと思ったことが、さらなるステップへの踏み台になることもあるのです。

人生はパズルのようにすべてつながっていて、けっして、無駄な経験などひとつもないのです。

人生にとって大切なことは、「成功するかしないか」ということではありません。「自分自身がどうあるか」「喜びとともにあるかどうか」、がきわめて大切なことなのです。

喜びとともにあることが、真の成功した人生にほかなりません。

勇気があれば可能性が開かれる

創造性というと、なにかとてつもなく難しいことのように思いがちです。

創造性というのは、無から新しいものをつくりだすことではありません。すでに存在しているものを組み合わせて、個性的なものをつくることです。

たとえば、私がこうして執筆していることも、創造性を活用しています。すでに存在する言葉と言葉を繋ぎながら、自分のなかにあるものを表現しているのです。

周囲を見渡すならば、創造性を発揮している人は驚くほど多くいます。現に私の周りにもいます。

キッチンに立つと途端に、次から次へと創意工夫した料理をつくり、みなに喜びをあたえている人。

とくに職業としていなくても、小説やエッセイなどを執筆している人。

絵を描いている人。

写真を撮っている人。

植物の世話をしたり、花を活けたりしている人。

この人たちはみな創造性を活用しているのです。自分が本当にやりたいことをしているので、みなイキイキと輝いているのです。

私たちは思考とともに生きています。意識的であれ、無意識であれ、思考する方向へ向かっています。

それだけに思考はエネルギーをはらんでいるのです。思考を膨らませて想像することによって、そのエネルギーを強化することができます。想像が創造をもたらすのです。

私たちには、無限の可能性が備わっています。

でも、だからといって、「ああしたい」「こうしたい」とただ言ったり思ったりするだけでは可能性の扉は開きません。

なかには「成功の確信を得てから行動に移そう」と考えている人もいます。それではいつまでたっても、同じ場所にとどまり変化は起こりません。

確信は、みずからを信頼することによってもたらされるのです。しかもその信頼は、行動に移すことよってもたらされるのです。

だから、なにはともあれ、最初の一歩を勇気とともに踏み出すのです。

すると必ず可能性の扉が開きはじめます。

みずからを信頼するということは、宇宙を信頼することでもあります。ならば当然、宇宙の支援が得られるのです。


ふとやりたいことが閃いたり、浮かんだりしたならば、躊躇せずにただちにその場で行動に移すことです。即座に行動することがきわめて重要なポイントです。

なぜなら、私たちはなにごともすぐ忘れてしまいます。人間は忘却の生き物なのです。

いつでもやり直せますから、思ったことはやらなければ損です。

やらなければ、後々までずっと得体の知れない不満にまといつかれ、エネルギーを停滞させるばかりではなく、人生に悔いを残してしまうのです。


遥か昔、子どもの頃に描いた夢、あるいは忘れ去られ封印された夢など、かつて思い描いた夢のなかに、必ず可能性の種が秘められているはずです。

穢れなき清らかな頃、分別をもたない頃、そうした子どもの頃の夢は、宝物のように心のなかにそっとしまわれているのです。しかも純粋な夢だからこそ、その夢自体が開花を待ち望んでいるのです。

だから、かつて描いた夢を思い出したならば、ためらわずにぜひ試してみることです。試す価値は大いにあります。方向転換はいつでも可能ですから試さない手はないのです。

なにごともやってみなければわかりません。他人はおろか、自分すらわからないのです。だからこそやるのです。

喜びが人生の方向性を示してくれる

さっそく、私は知り合いの婦人服メーカーにサンプルづくりを問い合わせてみました。思いがけず二つ返事で承諾していただき、後日布地を指定し、いくつかのデザイン画をＦＡＸ送付したのです。

数週間後、なんら滞ることなくサンプルが届きました。ドキドキ・ワクワクしながら包みを開け、私はそれら一枚一枚を試着してみました。入念に鏡に映し見ると、フイット感もよく、映りもよく、いずれも満足するできあがりだったのです。

このとき私のなかに、かつて味わったことのない、まったく新しい喜びがひろがりました。それこそがまさに創造の喜びにほかなりません。


そのサンプルのなかでも、とくにインナーが気に入って、よく身に着けていました。

十日ほど経ったある日のこと、スポーツクラブの更衣室で、

「まあ、素敵なお洋服ね」

と、ある女性に声をかけられたのです。するとたちまち数人のご婦人たちが集まり、みながそろってそのインナーを求められたのでした。

意外な展開に、私はしばらく茫然と立ち尽くしてしまいました。

その帰り道、喜びがふつふつと湧きあがり、その喜びをかみしめつつハンドルをにぎり、私は部屋に入るやいなや、両手を高々とあげ、「やったー」と叫んでいました。

もちろん、宇宙への感謝は忘れません。

たまたまそのご婦人たちのなかに、当時女性企業家として活躍していたYさんがいらしたのです。しばらくして、Yさんの会社に招かれ、思いがけず大口の発注を受けることに

なりました。

ところが私は素直に喜べませんでした。リスクを負う恐ればかりではなく、漠然と未知の領域に踏み込むことへの恐れを抱いていたのです。

言いかえるなら、変化を恐れたのです。


幾日ものあいだ、仕事を引き受けるべきか否か、ひとり思い悩んでいました。

けれど心に注意を払うと、不安の兆候でもある重苦しさや締めつけ感などは感じられず、むしろワクワクしていたのです。その感覚を信頼し、仕事を引き受けることにしました。

不安や恐れからではなく、喜びこそが人生の方向を示す羅針盤なのです。


奇跡が起こった。ほかに適切な表現は思い当たりません。多量に納入したインナーは飛ぶいきおいで売れ、つくりだす服すべてが次々と完売していったのです。

宇宙は、予期せぬ幸運を通して、その存在を知らしめます。

ただし、なにもせずじっと待っているだけではなにも受け取ることはできません。可能性の扉も開きませんし、変化も起こりません。

勇気をもって一歩踏み出すのです。そうすると確実に、現実が動きはじめます。

宇宙は、勇気あるものにけっして後悔はさせません。必ず高次元から、援助と指導の手が差し伸べられるのです。

予言的直感

この二日後の午後は、あらかじめ友人との約束がありました。

そんな折、Yさんの秘書から連絡が入り、ちょうどその友人と約束している日に打ち合わせをしたいとの申し入れがあったのです。

私はすぐさま、友人に約束の日を変更してもらうために受話器を手にしました。そして、番号をプッシュしようとしたそのとき、どこからともなく囁き声が聴こえてきたのです。

「待ちなさい！」

「いつまで待つのかしら？」と思いつつも受話器を置き、その声に従ったのです。

当日の朝、秘書を通して、Yさんが風邪をひいて熱をだしたとの報せがありました。体調を崩されたYさんには大変申し訳ないのですが、私は受話器を置くやいなや、「ワォー」

と叫んでいたのです。

もちろん、声に導かれていることを確信した、喜びの表現です。

その興奮が冷めることはなく、私はしばらくのあいだワクワクしていたのです。

生命の輝きに気づく

次々と作る服が好評を博し、売り上げも順調に伸び、ようやく経済的な不安から解放され、待ちに待った平穏な日々が訪れました。

そんななか、引っ越しを決め、部屋探しをはじめるやいなや、知人から空き部屋があるからと勧められ、都心の人気スポットといわれている地域にある、集合住宅の一室に案内されたのでした。

室内はゆったり広く洗練され、広々としたルーフバルコニーが設置されていました。そのバルコニーに足を踏み入れた途端、青々と生い茂る木々や色とりどりの草花が脳裏に浮かんできたのでした。その瞬間、そこに住むことを決め、翌日契約を交わし、数日後移り住んだのでした。

さっそく造園業者に依頼し、カシ、ヒメシャラ、キンモクセイ、ムクゲ、フヨウなど、四季折々の花を咲かせる木々や草花などを植えました。

みるみる植物は成長し、あっというまにバルコニーは心地よい癒しの空間となり、都会のビルの谷間がまさにオアシスとなったのです。

小鳥たちは元気いっぱいさえずり、蝶は美しく優雅に舞い、小さな生き物たちも、みなのびのびと寛ぎ、日々賑わいをみせていました。

ある朝、バルコニーの草花を愛でているとき、ほんの小さな愛らしい仔猫が、私の目の前を通りすぎたのです。一瞬、わが目を疑ったものの、バルコニーの片隅に視線を向けると、産まれてまもない子猫たちが楽しそうにじゃれあっていたのです。

バルコニーに建てられた小屋の軒下で産まれ、敷きつめられたウッドデッキの下でしばらく過ごし、ようやく陽の光を浴びられるまでに成長したのです。

危うげな足どりでいながらも、その姿には、あたかも冒険を楽しんでいるかのような、喜びと好奇心とが溢れていました。

その姿は、生命の輝きがみなぎり、私はにわかに畏れをおぼえました。

生きとし生けるものすべてに生命の輝きがあることに、あらためて気づかされたのでした。

後日、その仔猫たちは母猫のあとについて旅立っていきました。

およそ一ヶ月後、帰宅してバルコニーに出てみると、夕陽のなか一匹の仔猫がじっと私を見つめていました。一匹だけ舞い戻ってきたのです。その仔猫にハッピーと名づけ、家族の一員となったのです。

乖離する「アタマ」と「ココロ」

宇宙と繋がり、三年の月日が流れました。

私の内側では、微妙な対立が繰り広げられていました。それはおもに読書中のことでした。

ある本のなかに、自分が好きな人や、好意をもたれている人に親切や思いやりを示すことは、ごく当たり前のことであり、それは親切でも思いやりでもない、ということが書かれていました。

真の親切や思いやりとは、自分が嫌われているその相手にも示すことができるものだというのです。

また、Ａを愛してＢを愛せないというなら、Ａに対する愛は真の愛ではなく、エゴ的な愛だというのです。なぜなら愛には隔たりがないからということでした。

それに対して、私の心は難なく理解し受け入れているにもかかわらず、頭はまったく理解できず抵抗し、「なぜ、そんなことができるの」と、心に問い詰めるのです。心と頭とがバラバラなのです。

このことから、心は制限なく寛容であることが明らかとなり、反対に私自身の狭量さを目の当たりにしたのでした。

おそらく、心の著しい成長に対して、自我そのものである私自身の成長が、遅れをとっていたのです。

私はこれまで、自分自身が調和しているように感じていましたけれど、それが勘違いであることに気づかされたのでした。

そして、自我が成長の邪魔をし、その自我を超えることの難しさを、まざまざと見せつけられたのでした。

それにより、成長のプロセスはまだまだ続き、この先さらに険しくなるような、そんな予感がしたのでした。

心の声が否定的な思考を解き放つ

服作りをはじめて三年の歳月が流れました。

サンプル段階での駄目だしが続き、結果的に取引が中断する事態となりました。

貯えは多少ありましたが、数ヶ月で底を突くことは明らかでした。先行きの見通しのないまま、再び経済的な不安におそわれてしまったのでした。

途方に暮れた私は、来る日も来る日も、バルコニーの植物を愛でていました。

そんなあるとき、ふと囁き声が聴こえてきたのです。


「大丈夫です」

「安心しなさい」


途端に涙が溢れて出てきました。その声が、あまりにもやさしく、思いやりに満ちていたのです。

再び声が聴こえてきました。植物のあいだから聴こえてきました。

「絵を描いて」
「愛を表現して」

まさに植物こそが愛そのものです。私はすぐさまノートを取りだし、イキイキと咲きほこる草花を描きはじめました。

こうして心の声と出会い、その声とともに、いくつもの困難を乗り越えてきました。おそらく困難に直面したからこそ、心の声に出会えたのです。

心の声は、否定的な思考の芽を摘み取ります。私が否定的な思考を浮かべようとすると、あたかも未然に察知していたかのように、言葉が形をなす直前に、囁きが聴こえてくるのです。

「大丈夫です」
「安心なさい」
「見守っています」

「このまま進みなさい」

こうした囁きによって、つねに否定的な思考から解き放たれています。

そして未だに、心の声に癒され、励まされ、勇気づけられているのです。

仕事が途絶えたその数ヶ月間、私はバルコニーの植物を愛でているか、車をとばして湘南海岸におもむき、ひたすらに海を眺めて過ごしていました。

そのとき、「打開策はみずからのなかにある」との閃きが訪れたのです。

さっそく、数日前に描いた植物の絵を図案化し、それをもとに刺繍入りウエアーをつくることにしたのでした。

まもなく、知人から新規取引先を紹介され、それを機に、仕事があらたに展開しはじめたのでした。その刺繍入りウエアーは、行く先々で好評をいただきました。

およそ十ヶ月後、中断していた取引も再開され、以前にもまして利益を上げるようになりました。

宇宙と繋がり、私は沢山の恩恵にあずかりました。でも、これまで多々困難に直面していました。

思えば、困難を乗り越えてきたからこそ、精神力が培われ、生きるうえでの自信がもたらされたのです。もし困難がなければ、間違いなくその時点で成長は停滞していたはずです。過去を振り返ってみても、楽しい出来事を思い出すことはほとんどありません。むしろ困難な状況ばかりが、懐かしさとともに浮かんできます。

困難だからこそ、より真摯に取り組めるのであり、それゆえ、結果はどうあれ悔いが残らないのです。**成長するうえで、困難は必然かつ最善でもあるのです。**

直感が危機を知らせる

幾度となく、知人から投資話が持ち込まれました。

その都度断り続けていましたが、迷いながらもその話に応じてしまったのです。将来に対する不安に惑わされたのでしょう。

契約前夜は、いつも通りベッドに入るとすぐ眠りにつくことができました。ところが明け方、胸に圧迫感が生じ、その息苦しさで目が覚めたのです。

これまで身体の不調を感じたことはありませんでした。

私はなにげなく心に問いかけてみたのです。

「投資の件？」

するとたちどころに、胸の圧迫感が消え、呼吸が楽になっていたのです。

この瞬間、その症状が、危機を知らしめるサインであることを直感したのです。

知人にことのしだいを話し、すべて白紙に戻してもらいました。

その一ヶ月後、日中ほとんどテレビを観ることはありませんが、なぜかこの日にかぎってテレビをつけたのです。

画面には、投資によって損害を被った人びとが、落胆と怒りをあらわに、せつせつと訴えかけているシーンが映しだされていたのです。

「まさか」と否定したものの、次から次へと、画面に見おぼえのある商品が映し出されていたのです。

被害を免れたことを知り、思わず、感嘆の声を発していました。

「すごい！」

興奮と驚きからさめた私は、ほっと胸をなでおろしつつ、何度も心に感謝をしていました。何度感謝してもし足りない思いでした。

大概、自分のなかから湧き起こった感情や感覚などを、あたかもはじめからなかったかのように、そしらぬふりをしたり、無視したり、ただの気のせいにしてしまいがちです。

けれど、その感覚自体が直感であり、きわめて大切な情報源にほかならないのです。

ふと湧き起こった不安感などは、内側に点灯された赤信号であり、これから訪れようとする危険を、未然に知らせてくれるサインにほかならないのです。

だから、不安感やなにかしらの感覚に気づいたならば、まず行動を控えることが先決です。

そして、思考をめぐらし、見直し、軌道修正をはかるのです。

自然の恩恵に気づき、真の豊かさがもたらされる

転居しておよそ一年経過した頃、不動産業者を介して賃料増額要求の連絡がありました。

その要求に対して私は、契約書どおり、賃料値上げは更新時まで保留するようにとお願いしたのです。

ところが、しばらくすると、裁判所から訴状が送付されてきたのです。明け渡しの裁判となってしまったのです。

どうやら先方は、自分の意向を伝えた私を、我儘とみなしたようです。今にして思えば、私自身も反省すべきところはあります。その頃はいまより未熟でしたから気づかなかったのです。ただ理不尽なことばかりが目に付いて納得できず、最後まで係争する覚悟で裁判に臨んだのでした。

結果は勝訴しましたが、一連のこともあり、そこでの暮らしは十分快適といえるものではありませんでした。

けれども、その暮らしのなかに、素晴らしい出会いと、いくつもの気づきがあったのです。動物や植物、あるいはたくさんの小さな生き物たちとの交流を通して、かけがえのない愛と喜びとがもたらされたのです。

それまでの私は、猫を恐れるあまり、そばに寄ることも、満足に視線を合わせることさえできませんでした。でもハッピーを通して、猫に対する恐怖心や苦手意識などが刷新されたのです。それは私にとって、計り知れないほど大きな財産となりました。

というのも、道行く猫たちが視界にはいるたびに、私のなかにたとえようのない心地よさがひろがるのです。いえ、彼らばかりではなく、ありとあらゆる動植物を目にするたびに、心のなかいっぱいに心地よさがひろがるのです。この感覚こそが、まさしく愛にほかなりません。

私たち人間も自然の一部です。生きとし生けるものすべて、そこにいっさい隔たりはなく、互いに喜びを交歓しあい、たすけあう仲間なのです。

それから、植物を通して、日々癒されていることを実感していました。

だから、おのずと自然への憧憬がつのり、感謝と畏敬の念を抱きはじめたのでした。

ふだん当たり前のように接している自然、その自然の恩恵に浴している事実に気づくことによって、真の豊かさがもたらされるのです。

流出・別れ

宇宙と繋がり、五年の歳月が流れました。

ある夕、帰宅していつものように鍵を開けて玄関に入ったところ、閉まっているはずの寝室のドアが開いていたのです。不穏な気配を感じつつ、そっと部屋をのぞいてみると、クローゼットや引き出しのすべての扉が全開し、あたり一面に宝石箱や空っぽの指輪ケースなどが投げ出されていたのです。空き巣泥棒の仕業でした。

駆けつけた警察官が実証検分を終えて帰ったあと、荒れ果てた部屋で、私はひとり茫然と立ち尽くしていました。

けれども不思議なことに、時間が経つに従い心が晴れ晴れとしてきたのです。

おそらく、失った時計や宝石類とともに、きれいさっぱり過去と決別することができたのでしょう。

その後、いくつかアクセサリーを買い求めてみたものの、ことごとく手元から消えるように紛失していったのです。

それにより、もう身を飾り立てる装飾品などのいっさいが、不要であることを悟りました。


その三週間後、猫のハッピーがこの世を去りました。駐車場の片隅に横たわっているところを、管理人に発見されたのです。とくに外傷もなくその死は原因不明のままです。

生前、その身体に触れようとすると、つねにスルリと身をかわし、そっと撫でることもままなりませんでした。でもようやく、そのしなやかで美しい身体を抱きしめることができました。

まるでその死は、私の心中を察するあまり、ハッピーみずからが進んでこの世を去ったのではないかと思えてなりませんでした。ハッピーとの生活を望むがゆえにこの住まいに固執し裁判に臨んでいたのですが、もうその必要はなくなりました。

ハッピーの死をもって、無意味な裁判に終止符を打ったのでした。

それから一ヶ月後、建物修繕のため、バルコニーに植えられた植物を撤去することを余儀なくされました。

それぞれを知人宅の庭に地植えしていただいたのですが、植物との別れも辛く哀しいものでした。

バルコニーから植物の姿が消えるやいなや、殺伐とした空気がただよいはじめ、いつも賑わいをみせていた小さな生き物たちも、再びその姿を現すことはありませんでした。

私自身も、エネルギーの供給が断たれたかのように、たちまち喪失感に見舞われてしまいました。

生きとし生けるものすべてが、自然の恩恵に浴しつつ相互依存しているのです。

成長は螺旋を描く

あたかも夏の嵐であるかのように、次々と思いがけない出来事が通りすぎていきました。

ハッピーと植物がその姿を消し、ひとり残された私は寂寥感につつまれていました。しばらくするとさらに、空虚感がただよいはじめたのです。微細な感覚ではありますが、すでに虚しさという感情は解き放たれたと思っていたので、意外でした。

再び訪れた空虚感によって、サイクルの終わりと始まりが告げられたのでした。

あわせて、成長が螺旋状であることを実感しました。

喜びは遠ざかり、鬱々とした日々を過ごすなか、次第に周りの景色は変わり、自分を取り巻く環境にまで嫌気がさしてきたのです。

同時に、仕事への熱意が薄れてきました。これまで仕事を通して、達成感や満足感など多々もたらされました。

でも、いつのまにか、なにもかもが繰り返しとなり、もはや機械的となってしまったのです。

しかも、思考の大半は仕事に支配され、つねに気持ちはあくせくしていて、何かに追いたてられているような気がしてならないのです。

一度きりの人生を、この先もまた、これまでと同じように生きるということに抵抗をおぼえたのです。

そしてあらたに、自由への憧憬が芽生えはじめていたのです。

自由は本当に存在するのか、それとも、自由という言葉だけがひとり歩きしているのか、それは定かではありません。けれど、心奥深くが、自由を希求しているのです。

日を追うごとに、自由への憧れはつのり、私はしばしば遠く静かなところへと思いを馳せ、おぼろげに自然のなかに溶け込んでいる、自分を思い浮かべていたのでした。

とはいえ、生きているかぎり経済的な安定は不可欠です。仕事は生計を立てる唯一の手段でもあるので、それを手放すわけにはいきません。思考が現実的になると、たちまち、不安に襲われ、どうしていいのか皆目見当がつきませんでした。

そんななか、どこからともなく声が聴こえてきたのです。

「宇宙と同調して生きることが真の幸せ」

たしかに、幸せとは、物質的な繁栄によってもたらされるものではありません。

他者の承認を得ることでもありませんし、他者の目にどう映るかということでもありません。

幸せとは、みずからが感じるものであり、内側が調和している状態のことです。

ならば、さらなる浄化です。

神秘体験～銀色の滝

浄化を求めて、アーユルヴェーダのサロンを訪ねてみました。そこで思いがけず、施術者から浄化促進にふさわしいと、ある場所を勧められました。

ただちにおもむいたところ、そこではおもに、霊的進化成長をうながすことを目的とした精神統一を行っていました。パンフレットに目を通すと、三ヶ月間で、なにかしらの変化があらわれると記されていたのです。

私は俄然元気になりました。私にとって、「変化」という言葉はきわめて魅力的なのです。実際、私自身の変化のきっかけも瞑想だったので、そこに疑問の余地はありません。

変化の向こう側には、必ず予期せぬ素晴らしい出来事が待ち受けているのです。

さっそくその翌日から、総勢五十～六十人で行う精神統一に参加しました。

精神統一を行っているあいだ、霊能者が一人ひとりを霊視していき、終了後、視たことや、感じられたことなどを、それぞれに助言をまじえながら伝えていきます。

「笑みを浮かべた美しい女性たちが集まっています。安心してお仕事に励んでください」

「黄色いオーラが視えます。喜ばしい出来事が訪れることでしょう」

「十字架が鮮明に視えます。小さな十字架のアクセサリーなどを身につけたらいかかでしょうか」

「紫色の背骨が視えます。いっさい低い霊は近寄りません」

「高級指導霊がそばについています」

「頭の上に白い鳩が飛んでいます」

「雑踏の中に白い蓮の花が美しく咲いています」

「すべておさまるところにおさまります。心配にはおよびません」

「直感を活かしましょう」

「阻むものはいっさいありません。人生を十分に楽しんでください」

「傲慢にならないように気をつけましょう」

「自分を大切にしましょう」

はじめ聞いたときは多少驚きましたが、すぐに慣れ、なかには現実的なアドバイスもありました。ちなみにそこにいらした霊能者たちは、みな経験豊かで優しく思いやりに満ちていました。

霊能者にもそれぞれ個性があります。経験豊かな霊能者にはそういったことはありませんが、なかには恐れを生じさせたり、コントロールしようとする霊能者もいるということを忘れないでください。

私は週三回のペースで精神統一を行いました。

五週目になると、これまであった空虚感や寂寥感、焦燥感などが消えていました。

八週目のこの日は、ようやく裁判が終わり、煩わしい問題から解放された記念すべき日でもありました。

久しく忘れていた喜びが舞い戻り、私は感謝しつつ、裁判所からそのまま精神統一の場へと向かったのでした。

精神統一をはじめて二〜三分すると、私のすぐそばからパチパチと静電気が発生しているような音が聴こえてきました。

その音はラップ音といって、霊が姿をあらわすときに聴こえたりするそうです（ちなみに、ラップ音が聴こえるときは、低い霊があらわれるといわれていますが、後に霊能者に尋ねたところ、そこは浄められている聖なる場所なので、いっさい低い霊はあらわれないということでした）。

ほんの数秒間でラップ音は止み、同時にまぶたの裏側にパラパラと**銀色の雨**が降ってきたのです。それは鮮明かつ神秘的な色合でした。

そして一瞬にして、映像さながら、荘厳に輝く銀色の滝がスクリーンいっぱいに映し出されたのでした。

私は圧倒され畏れおののきました。

すると、すぐさま威厳に満ちた声が聴こえてきたのです。

「おそれることはない」

「心配はいらない」

しかもその声は、私のお腹の底から響いてきたのです。

私はなにも問いかけられませんでした。ただ繰り返し心のなかで、感謝の言葉を唱えつづけていたのです。それが精一杯だったのです。

みるみる銀色の滝は縮小し、しかし精神統一が終わるまでの四十〜五十分間は消えることなく、克明にスクリーン中央に浮かんでいたのです。

精神統一が終わり、目をあけた瞬間、その映像は跡形も残さず消えていたのでした。

はたと気づいてみると、頬には大粒の涙が流れ、私は惚けたかのように呆然としていたのでした。驚きのあまり腰を抜かしたようですが、まっすぐ伸ばした背柱に支えられ、かろうじて坐していられたのでした。

そのときの霊能者の助言は、

「もっとお勉強をつづけましょう。これからさらに明るくなります」

「自己主張をしないように」

ということでしたが、なんとなく腑に落ちませんでした。

たった今遭遇したことと、その言葉とがかけ離れているように感じられたのです。

でも、たいてい霊能者の助言は抽象的ですから、受け取る側の解釈のしかたが肝心です。

たしかに人生は学びの場ですから、勉強を怠ることはできません。

それに、自己主張するのではなく、エゴを超越していきたいと思います。

帰路、私はかつて経験したことのない、妙な興奮と緊張につつまれていました。

しかもその緊張は幾日も続き、微かな物音などにまで過敏に反応していたのです。

私はこれまで数々の神秘体験を経てきました。それらが貴重な経験であるという認識はなく、興味を持つこともありませんでした。

けれど、この現象に関しては、興味を持たざるを得ませんでした。それほどまでに圧倒されたのです。

あくる日、神秘体験に関する情報を求めて、いくつかの書店をまわってみたのですが、それらしき記述には出合えませんでした。

後日、霊能者に尋ねたところ、祖霊があらわれたのではないかということでした。

またその霊能者によると、ひと雫でも光が視たいという人が、多くおられるということでした。

その後、アブラハム・H・マスロー著『完全なる人間』に出合い、貴重な経験がもたらされたことを認識しました。


神秘体験はすべて、前触れもなく突然訪れます。

そこに恐れはなく、むしろその都度、歓喜や興奮につつまれていました。

同時に、希薄だった自分自身が色濃く感じられるようになり、生を実感することができました。瞬時に、否定的感情が解き放たれるからにちがいありません。

それから、神秘体験のあとは必ず、変化のきっかけが訪れているのです。

第七章

空虚感

直感〜湘南の一軒屋

銀色の滝を霊視して、二週間経過していました。

その朝、夜通し降り続いた雨はあがり、いつになく空気は澄み、あたりは静けさにつつまれていました。

私はいつものように、リビングのソファに座り読書をしていました。そして、ふと顔をあげたそのとき、

「湘南の一軒屋に住みたい」

という言葉が、まるでテレパシーのようにピッと私の中心に入ってきたのです。

同時に、

「賛成！　賛成！」

と、無邪気に楽しげに弾む声が心のなかから聴こえてきたのです。

なぜかとっさに立ち上がり、私はバルコニーに出てみたのです。すると陽の光を浴びて煌く木々のあいだからも聴こえてきたのです。

「応援する」

たちどころに歓喜が押しよせてきて、その喜びはやむことがなく、一日中ワクワクしていました。

さっそく、インターネットで湘南地区の空室情報を検索し、後日湘南へと向かったものの、惹かれる家には出合えませんでした。

帰路、突然、歯ぐきがズキンズキンと痛みだし、余儀なく歯科大病院の口腔外科に通院することとなり、そうこうするうちに、精神統一や、湘南の家のことなども、私のなかから一掃されていたのでした。

振り返ると、読書中によく直感が訪れていますが、それはエゴが沈黙するだけではなく、イメージしながら読んでいるので、相乗効果によって右脳が活性化しているからです。

エネルギー喪失

その後、空虚感をおぼえることはありませんでした。

でも、晴れやかな気分とは程遠く、心にはうっすらと雲がかかっていました。

そんななか、突如、仕事に対するエネルギーが停滞してしまったのです。いっときやる気が失せたという状態ではなく、仕事への熱意や意欲が忽然と消えてしまったのです。

しかも、頭のスクリーンにデザイン画を描こうとすると、まるで電気回線がショートしたかのように、パシパシっと火花が散る感覚が生じてしまうのです。イメージすることができなければ、デザイン画は描けないのです。

同時に、心奥深くから、囁き声が聴こえてきたのです。

(なにもしたくない)

まさしく、魂の叫びにちがいありません。

この瞬間、仕事から離れることを決意したのでした。いえ、離れざるを得なかったのです。

けれども、このとき、経済的なことがらをはじめとして、未来に関わるいっさいの思考が解き放たれていたのです。

心は湖のように静まりかえり、私はただただ深い安らぎにつつまれていたのです。

死者の魂は心のなかに存在する

仕事から離れたことを機に、九十歳を迎えた母と韓国でのんびり二〜三年間暮らすことにしました。

美しい自然に囲まれたのどかな村に思いを馳せ、残務整理にいそしみ、一部家財道具を処分し、着々と準備を整えていました。

出発を二週間後に控えた朝のことでした。

突然、母がこの世を去りました。奇しくもこの日は父の命日でもありました。

急の報せをうけ、病院に駆けつけたときすでに母は息絶えていました。

その朝、母は姉に付き添われてお風呂に入り、身体を洗い浄めると同時に姉の腕の中に倒れ込んだのでした。

その顔には、波乱に満ちた人生を、明るく逞しく生き抜いた、自信と誇りと安らぎとが浮かんでいました。

儒教社会のなかで生まれ育った母のなかには、まるで女子は存在していないかのように、関心のすべてが父と弟に向けられていました。私は子どもながらにも不平等な扱いに矛盾を感じ、度々母に抗議していました。

それから、母はそれが癖であるかのように、なにかにつけ幼児をあやすかのように子どもたちの背中をさすっていました。

とくに風邪をひいたりすると、体温計で熱を測るのではなく、じかに服のなかに手を入れ直接肌に触れて体温を確認していました。それを日に何度も繰り返すのでときには疎ましく感じることもありました。

それは私が成人したあとも続いていました。

私が辛く哀しい思いをしているときなど、いち早く察し、みなが寝静まると部屋にあらわれ、そっと布団の中に手をしのばせて、やさしく背中を撫でるのです。

その手の温もりが心に沁みわたり、すると途端に涙が溢れ出し、私は目が覚めていることを悟られないよう必死に嗚咽をこらえるのでした。

まさしく、その温もりが愛にほかならないのです。

母は正妻ではありませんから、父の眠る墓に入ることはままなりません。

その点に話がおよぶと、母は毅然として、「お父さんは墓の中にいるのではなく、いつも自分の心のなかにいるので、少しも寂しくない」と言っていました。

それは強がりではなく、お墓の中に死者の魂は存在しないのです。

成仏した魂は、残された者の心のなかに存在し、愛をもってその心を満たしているのです。

父の命日に旅立つということは、三百六十五分の一の確率です。

宇宙のはからいに、永遠の感謝をささげます。

いざ、湘南へ

母が旅立ち、私は必然的に日本に留まることになりました。

部屋の空け渡し日まで、残りひと月あまりの猶予しかなく、日々家探しに奔走していました。仕事復帰を考慮し、利便性のよい都心を重点的に探してみたものの、希望条件を満たす家はありませんでした。

そんななか、ふと数ヶ月前の直感が思い浮かんだのです。

さっそく湘南に向かい、葉山から茅ヶ崎に行き、再び江ノ島に戻ると、すでに日は暮れ、不動産屋のチラシに目を通しただけで結局その場をあとにしたのでした。

帰宅してみると、今しがた立ち寄った不動産屋から、物件紹介のチラシがＦＡＸ送付されていました。とくに惹かれる家はありませんでしたが、その用紙の端に他社の電話番号が載っていたのです。

あくる朝、なにげなくその番号に電話してみたところ、希望条件を満たす物件がいくつかあるということでした。受話器を置くやいなや、ただちに湘南へと車をとばしました。不動産業者に案内された家は、海を一望できる家や、青々と生い茂る木々に囲まれた家などいずれもすばらしく、私はすっかり気に入りました。

その夜、ベッドに入り瞼を閉じると、昼間観てまわった一軒の家が脳裏に映しだされたのでした。

すぐさま画面は変わり、あたかも繭に包まれている蚕のように、透明の薄いベールに被われている私自身がベッドに横たわっていたのでした。

翌日、再びその家を訪れました。

目にした瞬間、建物全体が輝いていたのです。

自然にはエネルギーが満ちている

十日後、私は長年住み慣れた東京を離れ、敢然と湘南の地へとおもむきました。

周りはみな一様に驚き、思い切りがいい、現実逃避、わがまま、という声がちらほら耳に入ってきました。でもそうした声はまったく気になりませんでした。

それに直感に導かれたと言っても理解してもらえそうにもないので、ひたすら沈黙していました。

なかには、ひと夏過ぎれば戻ってくるだろうという声もありました。

東京はたしかに魅力的な街です。さまざまな情報で溢れ刺激的でもありますから、自分自身を紛らわすにはうってつけかもしれません。

けれどもそれとは反対に、私はもっと自分自身を知り、魂との絆を深めたいのです。

言いかえるなら、魂の目指すものを突き止めたいのです。

鎌倉山を走行中、鬱蒼《うっそう》と茂る樹木のあいだから、やわらかで優しげな声が聴こえてきました。

「よくいらっしゃいました」

この瞬間、私のなかに感謝と喜びとがひろがりました。高次元の存在に導かれ、宇宙に見守られていることを確信したのです。

建物の周囲はあおあおと緑あふれ、庭先にはクリスマス・ローズがひっそりとけなげに花を咲かせ、私を迎え入れてくれました。

玄関の扉を開けると、自然の温もりと芳しい木の香りにつつまれ、目にするもの、触れるもの、そのすべてが心地よく、一呼吸ごとにその心地よさが細胞のすみずみに浸透していました。

窓一面に水色の空がひろがり、天窓を開けるやいなや、小鳥たちがさえずりつつ部屋のなかをのぞきにきました。新しい友だちが歓迎してくれたようです。

リビングで寛いでいると、どこからともなく声が聴こえてきました。

「ここで楽しみなさい」

「ますます楽しくなります」

知らない土地に移り住み、僅かながらも心細さを感じていましたので、その言葉にとても勇気づけられました。

実際、友人が訪れて帰ったあとなど、なんとも言い表せない寂しさにつつまれていたのでなおさらです。でも、そうだからといって、後悔は微塵もありませんでした。

そんなときこそ、かえって、気持ちを立て直す機会となっていたのです。

そしてその言葉どおり、一瞬一瞬を味わい、日々充足感がもたらされていました。

すがすがしい朝の訪れとともに、小鳥たちは元気いっぱい愛らしくさえずり、裏山の木々の梢は、寄せては返す波のようにさらさらと音を奏で、心をやさしく撫でていました。

道端のここそこに咲きほこる草花は、朝露に濡れ、いずれもみなイキイキと溢れるほどの生命力を漲らせています。これこそまさしく生きている証。

生きるということは、心をイキイキさせることにほかなりません。

海辺に足をのばすなら、砂浜はキラキラと輝きを放ち、水面は多彩に煌き、そこかしこにエネルギーが満ち満ちています。

自然には、きわめて高いエネルギーが偏在しているのです。

そよぐ風の匂いをかぎ、降り注ぐ陽の光をこころゆくまで浴び、雨に濡れその温もりをじかに感じ、こうしたふだん当たり前の暮らしのなかに、生があり、真の豊かさがあることを、私はあらためて実感することができたのでした。

空虚感は魂のサイン

東京を離れてはやくも五ヶ月の月日が流れました。

思いのほか元気になり、内側ではふつふつとエネルギーが湧きあがり、以前よりもまして活力が漲っていました。

じっとしていられず、いてもたってもいられず、ただちに仕事にとりかかりました。

ところが、しばらくすると、記憶に新しい空虚感がただよいはじめたのです。

愕然としてしまいました。精神統一に通っていたあの時点で、すでに虚しさは解き放たれたと思っていたのです。

私にとって、仕事は生計をたてる唯一の手段でもありますし、働いてお金を稼ぐことはごく当たり前のことなのです。それなのに、その仕事を否定しているかのように突然あらわれた空虚感に、言葉を失ってしまいました。

考えてみると、いつのまにか生活パターンは東京にいたころとなんら変わらず、頭の中も、仕事やお金や将来のことで支配されていたのです。

空虚感は誰もが忌み嫌います。でもやはりそれにも意味があります。

不安感は思考の見直しが求められます。

空虚感は、生き方あるいは人生の見直しが求められているのです。

遊びだけではなく、たとえ仕事であれ何であれ、毎日同じようなことを繰り返していれば、色褪せたものとなり、どこにも新鮮味が感じられなければいい加減うんざりしてきます。むしろ飽きがきたとしても当然のことではないでしょうか。

ところが、ことさら仕事に対しては、強い思い込みや決めつけがあり、それらに妨げられ気づかないでいるか、さもなければ、あえてそこには目を向けようとしないのです。

ただし、心奥深くは正直ですから、飽き足らないことをうったえているのです。

言いかえるなら空虚感は、既知のものではなく、魂がまったく新しい情報を求めているサインなのです。

空虚感をおぼえはじめると、たいてい仕事やスポーツに打ち込んだり、旅行をしたり、グルメ、買い物、ギャンブル、アルコールなど、あるいは新興宗教に入信したりして、その苦しみを紛らわそうとします。

しかし、すでに自分の外側にあるものは、すべて見聞きしたものばかりであり、まったく新しい情報はどこにも存在しません。

かりに空虚感を紛らわせたとしても、その対価の支払いは高くつきます。その時点で成長は停滞し、みずからの魂を葬ってしまうことになります。

途端に輝きを失い、成長の機会を逃がし、それればかりではなく可能性の扉までもが閉ざされてしまいます。そうして、やがて半ば諦めの、おもしろみのない単調な人生を送るようになるのです。

たしかに空虚感は苦しみをもたらします。でも、苦しみがなければ、自分を振り返ることはありません。苦しみがあるからこそ自分を見つめるのです。

空虚感の訪れは、心と意識を拡げる好機であり、使い古しとなった不要な思考を手放し、未知の領域に踏み入るときにほかならないのです。

第八章

自由へ

経済的な不安を解き放つ

私はこれまで数々の不安を解き放ってきました。

けれど依然として、行く手を阻むかのように、経済的な不安が横たわっています。この不安があるかぎり、さらなる次元の扉は開きません。なのでいつか必ず、手放すときが訪れます。

この不安は、おのずと消えるような生易しいものではなく、解き放つには、固い決意と勇気とが要るのです。

今後のことをうじうじと考えても仕方がありません。得られない答えを求めることほど、愚かしいことはありません。時間を浪費するばかりではなく、焦燥感に見舞われますから、エネルギーを無駄に消耗させてしまいます。

だから、後ろがない崖っぷちに追い込まれた気持ちになって、いっきに飛んでしまうのです。ためらわないで不安に向かっていくのです。なにしろ、不安こそ幻にすぎないのだから。

そもそもお金を稼ぐ目的は、幸福と安定を得るためです。**すでに幸福を手にしているならば、お金はさほど必要ではありません。ごく自然と足るを知るのです。足るを知らないうちは貧しいのです。**

多くの人が、順序を間違えていると言わざるを得ません。お金によって安定を得て、幸福がもたらされると考えているようですが、それは幻想にすぎません。自分の外側には、安定も幸福も存在しないのです。それゆえ、有り余るほどのお金を持っていても、不安にかられる人が後を絶たないのです。

たしかに、お金があれば大きな家や高級車や高価な装飾品などが手に入ります。ファーストクラスで世界中を旅することもできます。

でもそれが一体どうしたというのでしょうか。

ものは一度手に入れると次なるものを求めはじめます。旅は家に戻るまでのことであり、家に帰るとすぐ現実が待ちかまえているのです。

自分の外側から得る満足感はどれも表面的かつ一時的です。だから何度も同じようなことを繰り返すのです。

儚い満足感を得るために、これでもかこれでもかと、際限なくお金を求め続け、みずからの魂を葬ってしまうのです。

それに、お金にはある種の刺激がありますから、ますます貪欲になり、執着が生じます。あらゆる苦悩の陰に、執着が見え隠れしているのです。

もちろん、充足感もお金では得られません。充足感こそ、魂とともに得る喜びです。

つまり、お金は必要を満たすだけあれば十分なのです。


私たちが生きているこの現実社会は、競争が激しい消費社会でもあります。

テレビをつけるとコマーシャルが流れ、雑誌は広告で溢れ、みな過剰な誘惑のなかで生活しています。

しかも当たり前のように、次から次へと新しい商品を買い求め、いったん手に入れたものを維持するためにあくせくと働き、たとえみずからの活力が枯渇していてもなお働き続けなければなりません。

そのパターンは際限なく繰り返され、いちど陥ると、そう簡単に抜け出すことはできません。それこそが、まさしく自由を遠ざける経済的落とし穴にほかならないのです。


人生のプロセスのなか、いっとき仕事から離れることは必要です。

なぜなら、魂はきわめて退屈を嫌い、同様にして窮屈をも嫌います。

ですから日々の繰り返しという窮屈な枠の中から、いっとき魂を外に連れ出すのです。そうして仕事ばかりではなく、もろもろいっさいの思考を手放し、頭を空っぽにするのです。ただ楽しむこと、ただ遊ぶこと、それは子どもたちだけに与えられた特権ではないはずです。大人になったら遊んではならないなんて、いったい誰が決めたのでしょうか。いつでも子どものように、喜びにつつまれながら無邪気に遊んでもいいのです。

さまざまな経験を積み重ねるために人生という場にいるのですから、ときには無為にすごす経験も必要です。

「いつでも原点に戻れる」という覚悟さえあれば、おのずと不安は解き放たれるのです。

習慣を解き放つ

私はさっそく仕事をセーブし、毎日気ままに過ごすことにしました。

一日中なにもせずぼーっとしていたり、好きな本を読んだり、絵を描いたり、植物の世話をしたり、新しい料理に挑戦したり、あてもなく近隣を散策したり、車で遠出をしたりまさに晴耕雨読の生活です。

そんななか、どこからともなく声が聴こえてきたのです。


「焦らないで」

「素敵なことが起こります」

「想像を超えたことが起こります」


この瞬間、自己成長がなにもかもを解き明かすと、直感したのです。

成長とは心と意識を拡げることです。だから、なによりも空虚感を解き放つことが先決です。さらなる浄化です。

振り返ると、成長と変化とは互いに関連し合い、そこには必ず、習慣の入れ替わりがありました。

もっとも、魂は退屈を嫌いますから、同じことの繰り返しである習慣を解き放つことはきわめて重要なことです。

かつて私は、朝起きるとすぐテレビをつけ、ワイドショーを見ながら家事や雑事をこなし、ときには友人と長電話をして午前中を過ごしていました。

午後からスポーツクラブにいき、運動をしたあとサウナ室で時間を費やし、疲れた身体をひきずるように帰宅し、アルコール片手にテレビを観ながら延々と夜を過ごしていたのです。

その頃の私のなかには、「魂は進化成長を望んでいる」といった概念がありませんでしたから、みなと足並みを揃え、同じ方向に進めば安心とばかりに、毎日慌しく過ごしていたのです。そうして疲労感をおぼえては充実感を得ているように錯覚していたのです。

今にして思えば、理由《わけ》のわからない不満に苦しめられていたこともうなずけます。

こうした日常生活のパターンを切り崩したのが、毎朝おこなう瞑想です。

瞑想による内側へのはたらきかけにより感情面が安定し、次第に自分の要求に気づきはじめたのです。心底楽しめるものや、退屈するものなどがはっきり感じ取れるようになったのです。

意外なことに、みなと賑やかに過ごすことは楽しいことではなく、むしろ退屈だったのです。ゴルフや食事にいっても、帰宅すると僅かながら虚しさをおぼえていたのです。

しかも楽しめない自分が、どこかおかしいのではないかと思い、ときには無理やり出かけていたのです。

反対に楽しいことといえば、植物の世話をしたり、読書をすることでした。

私は自分の気持ちに素直になり、心のおもむくまま、園芸店や書店に通いはじめました。

書店で、みずからに関係がある精神世界の本を選び、それらを通して、えもいわれぬ心地よさがもたらされていたのです。

私たち人間も、他の動物と同じように、阻むものがなければ本能的に、心地よいところへといざなわれます。

不安や恐れが解き放たれると、ごく自然と、本当にやりたいことが見出せるのです。

習慣を変えることは容易なことではありません。けれども、それが変化をもたらす最短方法にちがいありません。

私は毎日夕食時にお酒を飲み、二日酔いをするたびに罪悪感にさいなまれていました。

その罪悪感を払拭するために、「適度な飲酒は身体に良いストレス解消」と自分に言い訳をしつつ飲んでいました。しかし依然として罪悪感は拭われず、自己嫌悪に陥っていたのです。

かつて胸に違和感をおぼえ、大学病院で精密検査をしたところ異常はみられず、でもアルコールが関連していると思ったので、そこから禁酒したものの、いつのまにかまた飲みはじめていたのです。そうしたことを何度も繰り返していたのです。

私はお酒が好きですから、生涯アルコールを断とうというのではなく、せめて自分自身に変化が起こるまではと、禁酒を決意したのです。

なぜなら、この手強い飲酒という習慣を解き放つことこそが、成長に向けての梯子であることを直感したからです。

禁酒を決意したその瞬間、私のなかでスイッチが切り替わりました。

とはいえ飲酒に対する欲求が解き放たれたわけではなく、時々ふと飲みたくなるのです。

そんなとき一冊の本と出合ったのです。

意志が弱い場合に意志を発達させようとする時に主に問題となるのは、それを伸ばしていこうという当の意志の欠如です。そのような時には一時的に、プライドや野心などの個人的欲動の助けをかりることで、純粋の意志だけを用いるよりは強い刺激となることもあり、効果をあげることができます。一番よいきっかけとなり得るのは、遊びの本能を刺激することです。自分自身との競争という遊びの精神があれば、おもしろく楽しいので、意志を力で押さえつける結果生じる抵抗や反発を引き起こさずに起動力を産み出します。

R・アサジョリー『意志のはたらき』

私はことさらに強い意志を持ち合わせているわけではありません。むしろ我慢と努力を苦痛とし、なにより押さえつけられると強く反発する性質です。

なので、自我が欲するものを無理やり押さえるのではなく、その本に記されているように、自我に選択を求めてみたのです。

いつものように飲んでずっとモヤモヤしているか、それとも、いつでもすっきりしていたいかと。

すると、内側に安らぎがひろがったのです。

高次の欲求が、低次の欲求を超えたのです。

ほどなく、飲酒に対する欲求が消えていました。代わって、自己観察への好奇心が芽生え、いずれ起こりうるであろう変化を確信し、ワクワクしていたのです。

まさしく、みずからを探求することこそが、人生の冒険にほかならないのです。

飲酒の習慣を解き放つうえで、都会を離れたことは強い味方となりました。

というのも、そばに誰もいなければ、自分を頼るほかありませんし、自分との関係性が良好でなければ、到底、独りではいられないのです。

独りになることにより、自分自身に対する責任感が培われるのです。

アルコールを断って三ヶ月経過しました。

微細な心の揺れや、ごく薄い霧のようなモヤモヤなども、空虚感とともに解き放たれていました。

心の揺れや不快感などは、飲酒に対する罪悪感と、飲酒をコントロールできない自分自身に向けられた怒りと自己嫌悪だったのです。

ひとつの変化はさらなる変化をもたらします。

習慣化しているすべてを見直し、アルコールにつづきカフェインとテレビを断つことにしました。

しばらくして、コーヒーを一口飲んでみたところ、たちまち不安感のような不快感が胸のあたりにひろがりました。ケーキ類もアルコールが含まれていると、同じような症状があらわれていました。

心を塞ぎ、エネルギーを停滞させる不安感などは、思考ばかりではなく、ふだんなにげなく摂っている嗜好品などによっても生じているのです。ただし感覚が麻痺しているために気づかないのです。

身体はつねに、感覚を通して、必要か不要かを知らせているのです。

しばらくして、夜にテレビ映画を二時間ほど観ました。もちろん悲惨な映像を観たわけではありませんが、翌朝いつものすがすがしさはなく疲労感に見舞われていたのです。しかもその疲労感を半日ひきずってしまいました。

もっとも、見聞きするすべてが意識の中に取り込まれていくわけですから、テレビを観ることは浄化に相反しています。

ですから、テレビや新聞などいっさいの情報を断つなら、必ず浄化が促されるはずです。

いったんテレビから離れると、かえってテレビが退屈に感じられます。それにテレビを断つと、おのずと生活のリズムが変わり、時間の流れが緩やかになります。

静寂につつまれた夜は、深い寛ぎと充実感をもたらし、よりすがすがしい朝が訪れます。

さっそく、日の出とともに海辺におもむきました。砂浜に踏み入ると、前方に霊峰富士がひときわ優美な姿をあらわしていました。その素晴らしい光景のなか、私は毎朝歩き続けました。まさしく歩く瞑想です。

およそ三ヶ月経過しました。

これまで、心には細心の注意を払ってきましたが、意識の領域に注意を向けることはありませんでした。

もろもろの不快感などは、心というよりも、むしろ意識のなかに隠れ潜み、ときおり表面化していたのです。

意識が刷新されたことにより、全身くまなくすがすがしいエネルギーが駆け巡り、心と意識の調和がもたらされ、精神の健全さを実感することができました。

スピリチュアルに生きるには、勇気が必要

毎日毎日が爽快な気分でした。

でもなぜかしら、涙がとまらず、ただぼんやり懐かしさにつつまれているのです。

そんななか突如として、次々と、眼前に幼いころの情景が色鮮やかに映し出されたのです。すでに和解が成立しているはずの父が再びあらわれたのです。

小学校四年生のとき、私はオタマジャクシを育てていて、その成長の様子を観察するのがとても楽しかったのです。

ある日、じきカエルに成長をとげようとしている、まだ後ろ足がのびているオタマジャクシを水槽からとりだし、私は掌にのせていっしょに遊んでいたのです。

突然、父があらわれ、いきなり私の手からそのオタマジャクシを奪いとり、「きたない」といって、二階の窓から放り投げたのです。

この瞬間、心は張り裂けそうでした。とっさに階段を駆け降り、私は泣きじゃくりながら必死に周辺を探しました。でも見つかりませんでした。

あのとき、私の小さな心は恐れと哀しみでぺしゃんこに押しつぶされていました。

映像とともに、その心の状態が蘇ったのです。


小学校五年生のとき、家で雑種犬を飼っていました。その夜はいつになく寒さが厳しく、子どもながらにもそう感じた私は、深夜、そっと、玄関の隅でうずくまっている犬を部屋に入れて、いっしょに布団にくるまって眠りについたのです。

あくる朝、私は騒然とした気配で目を覚ましました。

それと同時に、おそろしい形相の父が目の前にいて、いきなり殴られたのです。一瞬、なにが起きたのかわかりませんでした。ただただ恐ろしくて哀しかったのです。

映像とともに、おそろしくゆがんだ父の顔と、そのときの心の感覚が蘇りました。


中学三年のとき、私はクラスメートの男の子と家の近所を歩いていました。たまたまその光景を見た人が、私が男の子と親しげに歩いていたと父に知らせたのです。

その夕方、玄関の扉を開けるやいなや、勢いよく父の平手打ちが飛んできたのです。

私は呆然としてしまいました。ようやくその理由がわかり、涙ながら何度も弁解しました。でも父はハナから私の話を信じようとしませんでした。


映像が終了するやいなや、私は思わず「なぜ、なぜ信じてくれなかったの」と亡き父にうったえ、あのときと同じように、どうしようもない哀しみにつつまれていました。

遥か昔、記憶の中に封印された辛く哀しい出来事。その出来事が蘇り、たちどころに癒しが起きたのでした。

おそらく、父は子どものころ個性を尊重されることがなかったのでしょう。むしろ当り前のように自分を抑え、心を閉ざし、そのまま大人になったかと思われます。だから自分自身の気持ちだけではなく、子どもの気持ちも解らないのです。解りようがなかったのです。

そんな父を責めることはできません。ある意味父も被害者なのです。今後さらに思いがけない事実に直面したとしても、父への思いは一貫して変わらず、感謝でいっぱいです。

父に私はよく似ています。じつに性格や性質ばかりではなく、いろいろな点でよく似ていて、その激しさゆえ、失敗を繰り返してきました。けれど、多面的に観るならば、激しさは勇気でもあります。

スピリチュアルな道のりを歩むうえで、もっとも必要とするものが勇気でした。

父からその勇気を譲り受けたわけですから、重ね重ね感謝するのみです。

私たちは、否が応でも、親に似てきます。なぜなら、自分の眼に映ったことや、耳に入ってきたこと以外わかりませんから、それをもとに行動します。

ほかに適切な方法があるとは思わず、だから不幸が繰り返されるのです。

そうした不幸を避けるためには、まず、みずからの感情に気づく必要があります。

みずからの感情に気づくことによって、はじめて他者の痛みがわかり、そこで最善の方法を見出そうとするのです。

不幸な連鎖を断ち切るためには、一人ひとりの気づきと、学びが求められるのです。

悔恨の涙、そして自由へ

朝、目が覚めたときから心に違和感がありました。

時間が経つに従いその感覚はつのり、まるで心に鉛が潜んでいるかのようでした。その心に目を向けたくありませんでした。たちまち苦痛に襲われてしまう、そんな気がしてならなかったのです。

私は不快感を強引に払拭するために、海岸にいき砂浜を歩きはじめました。

けれど依然として、心は鉛のようにずしりと重く、いっこうに不快感が薄れる気配はありませんでした。

とそのとき、突然、空間から声が聴こえてきたのです。

「宇宙を信じなさい！」

はっと我にかえり、私は反射的に過去を振り返っていました。

たしかに、宇宙と繋がり、たくさんの恩恵にあずかりました。裏切られたことはただの一度もありません。私は覚悟を決めて心を受け入れました。

同時に、これまでおかしてきた過ちの数々が、まるで走馬灯のように眼前に映し出されたのでした。

不思議なことに、克明に映し出されたにもかかわらず、その1コマ1コマをいま思い出すことができないのです。

にわかに胸は締めつけられ、私は嗚咽とともに悔恨の涙を流し続けていました。

しばらくすると、私を支配していたいっさいの思考が解き放たれていました。

表現をかえるならば、頭のなかが空っぽなのです。

執拗にまといついていた経済的あるいは将来に関わるすべての思考が、吹き飛んでいたのです。

来る日も、来る日も、私はあるがままに海を眺めて過ごしていました。

心は深い安らぎに満ち満ちています。

すこやかで心地よいエネルギーが身体中を駆け巡るように流れています。

霊性に目覚め、宇宙と繫がり、私は解放感とともにありました。

けれども、それを遥かに超える解放感が訪れたのです。

自由。まさしくこの感覚こそが自由。私はそう実感したのです。

この感覚は懐かしさと温もりとがともなう、愛そのものなのです。

おそらく、子どもの頃、あるいは遠い過去生において、すでにこの自由を経験していたにちがいありません。だからこそ、その記憶をもとに、ひたすらに自由を追い求めていたのです。

私たちはみな、いつかどこかですでに自由を経験しています。

その記憶があるがゆえに、懐かしさと憧れとを抱きつつ、自由を追い求め続けるのです。

自由は、みずからが強く望むならば、必ず手にすることができます。

なぜなら、自由こそが私たちの本質であり、自由こそが愛にほかならないのです。

自由の中に愛があり、愛の中に自由があり、全身その皮膚のすぐ下には、まぎれもない愛というエネルギーが流れているのです。私たち一人ひとりが愛そのものなのです。

生きとし生けるものすべてが、愛と愛とで繋がっているのです。

自由はたぶんに誤解されています。

自由はけっして自分の意のままにすることではありません。かえって、それは自由を遠ざけてしまいます。みずからを律することによって、自由を手にすることができるのです。

数日後、砂浜を歩いているさなか、ふと、未来に関わる思考が脳裏をよぎろうとしました。

それと同時に、優しい囁き声が聴こえてきました。
「自然の流れにまかせなさい」

湘南に導かれ、その半年間は若干修業生活の色合いがありましたが、もちろん苦痛に感じることはまったくありませんでした。かえって「素敵なことが起こる」と聴いていましたから、期待感を抱き毎日ワクワクしていました。

霊性に目覚めてからの私は、ひたすら否定的感情を解き放つことに情熱を注いできました。**言いかえるなら、心の浄化が人生最大の目的となっていたのです。**

浄化の先に、何が待ちかまえているのか知る由もありませんでしたが、それだけに、スピリチュアルな世界には刺激があり、なおかつ魅力が溢れているのです。

しかも、その浄化のプロセスの中、計り知れないほどの恩恵にあずかりました。

健康はもとより、時間、情報、日々の暮らしに困らないそれなりの経済力、それからなにより人生に豊かさと充足感がもたらされたのです。

おそらく、みずからの魂の目指すところへと向かうのなら、それに要するそういったもののすべてがもたらされるにちがいありません。

もっとも、魂にはいくつかの種類があります。すべての魂が自由を求めているかというと、必ずしもそうではないようです。

自由を求め、ようやくその自由を掴み取る魂もいれば、自由を求めながらも、結局掴めない魂もいます。また、生まれながらにして自由な魂もいれば、自由の意味さえわからない無関心な魂もいます。

私自身の魂は、この世に誕生し、物心ついたときからずっと、自由を求め続けていました。これまでの経験一つひとつのなかに、おぼろげに、そうした魂の意思が反映されています。否定的な感情や思いなどを解き放ち、浄化が進んでくると、おのずと魂の目指すところへといざなわれます。その多くの魂の目指すところが自由であり、自由は、魂との協調作業によって手にすることができるのです。

魂の目指すものを手にすることによって、永遠の達成感と満足感がもたらされ、一度かぎりのこの人生に、いっさいの悔いを残さないのです。

湘南での暮らしは毎日、果てしなく広がる空、煌く海、遠くに浮かぶきらびやかな山々を眺めながら過ごしていました。たまに仕事が入ると東京に出かけていましたが、それ以外滅多に外出することはありませんでした。接する人もごく限られていましたから、まるで俗世間とは無縁な世界にいるようでした。

けれども、自由になってしばらくすると、新しい情報を持った人たちがぽつりぽつりと私の前に現れ、にわかにその景色が変わろうとしていました。ステージが変わり、人生に新たな登場人物が現れはじめたのです。そして、その一人ひとりとの関わりを通して、思いがけない自分に気づき、終わりのない旅の途上にあることを知らしめられたのでした。

宇宙と繋がり、六年目にしてようやく手にした自由ではありますが、当初味わったあの圧倒的な感覚は、徐々に薄らいでいました。その感覚自体に慣れたこともありますけれど、日々湧きあがる感情や思いによって薄らいでいくようです。

そうだからといって、自由は、旅先で得る開放感とは次元が異なり、その本質が損なわれることはありません。

生きることは人と関わることでもあります。当然ながら、そこにはさまざま感情や思いが生じます。ときには苦悩し、心に曇りが生じることもあります。

けれど、魂はいちど手にした自由を忘れず、再び、自由へと戻ります。

突き抜けた魂は、自在に、あらゆる次元を行き来できるのです。

試練はあらたな人生のはじまり

最初の病から十三年目にして、私は再び病に冒されました。食道進行ガンでした。医師からガンを告知されたとき、まさに晴天の霹靂でした。

腫瘍は7センチにおよび、数箇所のリンパ節に転移がみられ、五年生存率30％ということから、いよいよ今生との別れが訪れたと思いました。

死はいつ訪れても不思議ではありませんし、常々覚悟はしていましたから、抵抗なく受け入れることができました。

それに食道ガンはアルコール関連ということです。たしかに私は自由を手にしたあと、再びお酒を飲みはじめていました。罪悪感こそありませんでしたが、胸のあたりに違和感をおぼえることがありました。そうした身体から発せられるサインを無視し、毎日ワインを欠かさなかったわけですから、納得せざるを得ません。

緊急入院となり、夥《おびただ》しい検査のあとようやく治療方針が決まり、化学療法のあと手術を行うことになりました。

化学療法の副作用により、髪の毛はすべて抜け落ち丸坊主となり、その姿はまるで尼僧のようではありましたが、過酷な手術を前にして、かえって身が引き締まる思いでした。

食道ガンの手術は難易度が高く、身体への負担も大きく、術後一週間は集中治療室で過ごします。そこでは多くの人が、幻聴、幻覚、妄想などに苦しめられ、なかには暴れて手足を拘束される人もいます。おそらく死に対する恐れによるものかと思われます。

私にはそういったことはなく、心はいつものように静まりかえり、むしろ、四六時中止むことのない電子機器の音が気になって仕方がありませんでした。

どうにも我慢ができず、チューブに繋がれた状態のまま機材をカートに乗せて、夜中に院内を散歩していました。

そして、夜空にまたたく星を眺めていたとき、微かながら心奥深くに喜びがひろがり、このとき、変化のときが訪れたことを直感したのでした。

それにしても、ガンになって幾つかの疑問が浮かんできました。

「宇宙と繋がるとガンにならない」「宇宙に守られていたら、困難な出来事には見舞われない」、といった説がまことしやかに流れています。

その根拠も気になるところではありますがそれはさておき、どう考えてみても、そうした説は浅薄かつ無知といわねばなりません。

そもそも宇宙との繫がりは、神をより身近に感じることです。すなわち、神の愛で満たされることなのです。けっして完全無欠な人間になるわけではありません。「我こそ神」という教えもありますがどうしたって神にはなれないのです。親はいつまでも親であるように、神はどこまでいっても神にほかならないのです。

私たちは、生きているかぎり肉体を持つ人間です。いずれその肉体は朽ち果てます。魂のみが永遠の命を授かっているのです。

それに宇宙との繫がりは、成長の終着点ではありません。あくまでも通過点であり、進化成長のプロセスはまだまだ先があります。なので、当然のこととして、人生のいたるところに試練が待ち受けています。

ちなみに、進化成長のプロセスとは、霊性に目覚め、宇宙と繫がり、自由になり、そこからさらに神的意識になっていくことです。それが本来の自分に還っていくことであり、真の自己実現にほかなりません。

さらに、ネガティブだからガンになるという説があります。

たしかに「病は気から」といわれているように、心と体は密接に繫がっています。

ネガティブ思考が体に悪影響を及ぼすことは否定できません。だからといって心と体はひとつではありません。そうした極端な説も、やはり浅薄であり、かつ危険です。

私はいま、ガンと闘う多くの人に出会う機会があります。なかには、自分を責めて苦しんでいる人や、人生の敗北者になったと誤解し、自分の殻に閉じこもってしまう人もいます。いずれもそこにはガンに対する偏見があります。

その偏見を生み出している元凶のひとつが、ネガティブだからガンになるという説です。繰り返しますが、真実と異なる概念が、苦しみを生じさせるのです。

人生とは、さまざまな感情経験をする場です。そこには、喜びや楽しさばかりではなく、怒り、哀しみ、憎しみ、嫉妬などのネガティブな感情もあります。

もし人生が喜びと楽しさだけだとしたら、成長する必要性はありません。すると、世の中に底の浅い薄っぺらな人間がはびこり、想像すると奇妙な光景が浮かび身震いしてしまいます。

さまざまな感情経験は、成長するうえで不可欠なのです。

なぜなら、その一つひとつの感情に気づくことによって、はじめて、否定的感情を超越できるのです。

私は現在、福島県の三春町に住み、田舎暮らしを満喫しながら、無農薬野菜を作っています。

三春というと、樹齢千年といわれている滝桜が広く知られています。そこかしこに枝垂桜や染井吉野がたたずみ、桜が開花しはじめると幻想的な雰囲気がただよい、それはそれは美しくまるで桃源郷のようです。

かねてより、田舎暮らしや野菜作りに憧れていました。でも、なかなかそのきっかけがつかめないまま、月日だけは刻々と流れ、ときには焦燥感をおぼえることさえありました。

そんな折、食道ガンになり、術後ラジウム岩盤浴をしに三春町を訪れたのです。

ぶらり街中を散策したところ、透きとおった気の流れと温もりとが心地よく感じられ、しばらくのあいだ三春で静養することにしたのです。

ガンは全身病ですから、手術が成功しても、再発転移のおそれがあります。

再発転移を防ぐために、数多くの代替療法や健康食品などがありますが、継続していくとなると大変な費用がかかります。するとそれもストレスとなり、本末転倒です。それに取り入れたからといって、再発転移しないという保障はどこにもありません。

実際、私の周りには、高額な代替療法や健康食品を多種取り入れながらも、再発転移している人が多くいます。しかもそのほとんどが、食に関心を持つことはなく、従来通りの食事をしているのです。

体は食物によって作られています。したがって発病前と同じものを食べていたら、何を取り入れても、同じ結果を招かざるを得ないのです。

食に関する本はいろいろあります。しかしこれぞと思うものには出合えませんでした。あるとき、シンクロニシティが起こり、『ガン勝利者25人の証言』、『ガンと闘う医師のゲルソン療法』に出合ったのです。

ゲルソン療法とは、ドイツ人のマックス・ゲルソン医学博士が考案した食事療法です。ガンを全身の栄養障害、代謝障害ととらえ、それをもとにした食事による治療法です。

日本ではあまり知られていませんが、欧米では多くの人がゲルソン療法でガンを完治しています。

ゲルソン療法をふだん否定している医師たちも、みずからがガンになると、ゲルソン療法を実践するということです。

基本は、人参などの野菜ジュースをはじめとして、新鮮な野菜や果物を大量摂取し、脂質、塩、砂糖、動物性たんぱく質を抜き、オメガ3系の油（亜麻仁油、シソ油、エゴマ油など）を加熱せず生で摂ります。

つまりゲルソン療法とは、ガンが栄養としている、動物性たんぱく質、脂質、塩などを与えず、ガンを兵糧攻めにし、いっぽう、ガンが嫌う野菜や果物をたくさん摂取し、ガンを攻撃しつつ自己治癒力を高めていく食事療法です。

パン類も市販されているものはすべて、塩、砂糖、植物油、バターなどが含まれていますから、全粒粉と天然酵母を使用し、蜂蜜、木の実、ドライフルーツ、ゴマなどを入れて家で焼きます。

野菜はできるだけ有機無農薬、さもなければ減農薬野菜にします。

スーパーマーケットで無農薬野菜を調達することはできません。だから、自分で野菜を作るほかない、そう思った数日後、無料で畑を貸してくださる方に出会ったのでした。シンクロニシティが起こったのです。

ゲルソン療法は、他の食事療法とちがい厳格です。味噌や醤油といった塩分が含まれているものはいっさい使えないので、味をひきたたせるために、玄米酢やバルサミコ酢、ニンニク、生姜、ネギ、ミョウガ、シソ、ハーブなどを取り入れます。

ゲルソン療法を続けていると、次第に舌が敏感になり、食材一つひとつの味が楽しめるようにますから、かえって食が豊かになったように感じられます。

ゲルソン療法開始から二ヶ月後、さらに免疫力を高めるために尿療法を取り入れました。

一週間経過すると、まるでエネルギーが活性化しはじめたかのような、内側で何かが弾けたかのような感覚がもたらされました。この瞬間、完治を確信したのです。

それを機に、日に日に体力は回復し、以前よりも元気になり、体調もずっとよくなりました。

もっとも、アルコールや添加物などを断ち、天然ビタミンやミネラルなどの体に良いものを大量摂取し、デトックス効果も抜群ですから当然のことかと思われます。

私は周囲のガンと闘っている人に、ゲルソン療法と尿療法を勧めています。ゲルソン療法と尿療法とを併用し、腫瘍が小さくなったり腫瘍マーカーが基準値になったり、あるいはガンの進行をくい止め、社会復帰している人も少なくありません。

ガンは生活習慣病のひとつです。食事、アルコール、喫煙、ストレス、肉体疲労など、その要因は複合的で特定することはできません。

日本ではいま、二人に一人はガンになるといわれています。自分の周りには必ずガンになった人がいますし、誰もがガン予備軍といっても過言ではありません。ですから予防することが大切です。いまいちど「食」を見直してみてはいかがでしょう。

冒頭にありますように、私はかつて子宮筋腫を患い、どん底の苦しみを味わいました。その苦しみの要因のひとつに無知があります。

もしも、試練が新たな人生の始まりであることを、あらかじめ認識していたならば、たとえ苦しんだとしても、そこに一筋の光を見出すことができます。

事実、私は病という試練を乗り越えて生まれ変わり、真の人生を歩むことができました。辛苦がともなうものはすべて試練にほかならず、そこには必ず、成長の種子が埋もれています。つまり辛苦のなかには、なにかしらのメッセージが秘められているのです。

そのメッセージを受け取るか否かで、その後の人生が左右されるわけですから、したがって、試練は人生の分岐点でもありますし、転機の訪れでもあります。

なにより、試練は越えられる人にだけ与えられる特別なもので、宇宙のギフトにほかなりません。

だから、いつまでもうじうじ悔やんでいたり、くよくよ落ち込んでいたり、めそめそと哀しんではならないのです。そうした自己憐憫こそがまさしくネガティブなのです。

試練のときこそ、いさぎよく、感謝をもって受け入れるのです。感謝するとおのずと気持ちが前向きになります。前向きな気持ちで自分を鑑みるのです。そうすると、きっと、なにかしらのメッセージに気づきます。

気づきによって、新たな自分に出会い、そうして、人は何度でも生まれ変わることができるのです。

あとがき

ところで、私はしみじみガンになって良かったと思っています。

入院中、家族、友人、取引先のみなの愛と思いやりを、ひしひしと感じることができました。

愛の尊さと素晴らしさに気づかせてくださったみなに、あらためて感謝を申し上げます。

それからさらに、正直なところ、私は魂の目指す自由を手にしたあと、さらなる目的を見失いかけていたのです。世の中に貢献したいという気持ちはありましたけれど、その方法が見出せず、そうこうしているうちに病に冒されたのです。

けれど、ガンになり、新たな世界がひろがり、それと同時に、多くの人と出会う機会に恵まれたのでした。

その多くが、かつての私がそうだったように、真実から離れ、不安や恐れ、あるいは思い込みや決めつけなどによって縛られ、苦悩を強いられ、半ば諦めの人生を送っています。

そうした現実を目の当たりにし、経験を通して学んできたことを分かち合いたいという思いに駆られ、本書をしたためたのでした。

振り返ってみると、私は最初の病で生まれ変わり、それを契機に、ひたすら自己実現を目指してきました。ここへきて、再度病に冒され、三度生まれ変わることができました。

今後はさらなる自己実現を目指し、多くの人に、愛と勇気と真理を伝播していきたいと思っています。

本書を通して、一人でも多くの人の役に立つことを、このうえない喜びとしています。

◆著者紹介◆

許敬順（ホギョンスン）

不安が解き放たれたことを契機に、霊性に目覚める。

幾度の神秘体験を経て、宇宙と繋がる。

高次元の啓示を受け、婦人服デザイナーとなり、有名ブランドと契約する。

その後、直感に導かれ、湘南に居を移し修行生活に入り、独自の方法をもって徹底的に不安と恐れを解き放ち、自由を獲得する。

食道ガンに冒されるも克服。現在は、静養先の福島県三春町を拠点に、スピリチュアルアドバイザーとして活動している。

http://www.healing-kiduki.com/

不安と恐れを解き放ち
宇宙とつながる方法

2010年10月5日　初版発行

著　者　許敬順
発行者　野村直克
発行所　総合法令出版株式会社
〒107-0052　東京都港区赤坂1-9-15 日本自転車会館2号館7階
電話　03-3584-9821（代）
振替　00140-0-69059

印刷・製本　中央精版印刷株式会社

落丁・乱丁本はお取替えいたします。

ISBN978-4-86280-227-9
総合法令出版ホームページ　http://www.horei.com/